Der menschliche Diamant

Michael Barnett
In London geboren, Mathematik- und Jurastudium, Karriere als Manager – dann später, weltweit, als Psychotherapeut und Gruppenleiter. 1988 Gründung der „Michael Barnett Energy University" am Lago Maggiore, Italien. 17 Buchveröffentlichungen.

Werke von Michael Barnett
in deutschsprachiger Ausgabe:

Energie und Transformation (1981)
Handbuch für die Kunst des Springens (1987)
Der Soma Weg (1987)
Es gibt nichts Besseres (1987)
Der Himmel ist um die Ecke (1988)
Ferien in Teufels Küche (1989)
Falltür ins Grenzenlose (1990)
Das Herz des Universums (1991)
Der menschliche Diamant (mit Maruschi A. Magyarosy, 1991)

Maruschi Adamah Magyarosy
Lehrerin für Körperbewußtsein, Mit-Entdeckerin der Fünf „Tibeter", Reisejournalistin und Autorin/Herausgeberin verschiedener Bücher über Körper-Meditation und die Suche nach der inneren Weisheit. Training in "Energywork" bei Michael Barnett.

Werke von Maruschi Adamah Magyarosy:

Sai Baba – Botschaft der Liebe (1988)
Meher Baba – Das Buch des Herzens (1989)
Vom Ozean zum Gipfel (1990)
Dalai Lama – Botschaft des Friedens (1991)
Surya Namaskar – Der Sonnengruß (1991)
Der menschliche Diamant (mit M. Barnett, 1991)
Die Fünf „Tibeter" in Aktion (Video, 1991
– Drehbuch mit B. Streubel)

Michael Barnett /
Maruschi Adamah
Magyarosy

Der menschliche Diamant

Körperkontakt mit dem Kosmos

Illustrationen von
Manasa Susann Pásztor

INTEGRAL

LebensReiseFührer

sind Bücher, Tonträger, Videos
für Energie – Lebenskunst – Horizonterweiterung
aus dem Integral Verlag

Die Deutsche Bibliothek – CIP-Einheitsaufnahme
Barnett, Michael:
Der menschliche Diamant : Körperkontakt mit dem Kosmos /
Michael Barnett ; Maruschi Adamah Magyarosy. –
Wessobrunn : Integral, 1991
(Lebensreiseführer)
ISBN 3-89304-415-9

– 1991 1992 1993 8. 7. 6. 5. 4. 3. 2. Auflage –

Originalausgabe
veröffentlicht 1991 als „Lebensreiseführer"
im Integral Verlag, Walserstraße 6, D-8129 Wessobrunn

Beratende Mitwirkung:
Chaitanya (Übungen) und Mushin J. Schilling
Herausgeber für die deutsche Ausgabe:
Volker Zahedra Karrer

Realisierung: Das Integral-Energiefeld
Lektorat: Gerhard Juckoff
Korrekturen: Dr. Birgit Petrick-Sedlmeier und Stefanie Fink-Weinberg
Umschlaggestaltung: Zembsch' Werkstatt, München
Sämtliche Lithos: Lange-Repro, Kaufbeuren
Satz: Dipl.-Ing. Werner Weinberg, München
Druck und Verarbeitung: Westermann Druck, Braunschweig
Printed in Germany
ISBN 3-89304-**415**-9

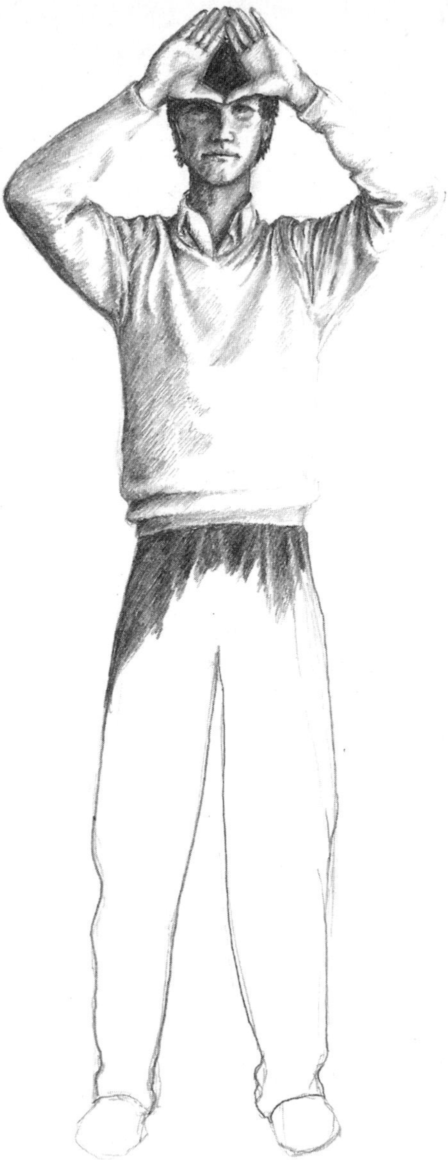

„Der menschliche Diamant" ist ein fantastischer Reisebericht aus der wirklichen Welt, die immer da ist und uns zusteht – und „eigentlich besitzen wir sie schon, aber wir sind uns dessen nicht bewußt, deshalb können wir sie (noch) nicht leben..."

Die Essenz dieses Buches stammt von Michael Barnett – sie kristallisiert sich an den hier erstmals veröffentlichten Übungen des Diamant-Yoga (den Zwölf »Diamanten«) und offenbart sich in den Aphorismen, die Michael Barnetts Gesamtwerk entnommen sind. Sein Werk, seine Arbeit ist es, anderen zu zeigen (und selbst zu lernen), „wie man – als jemand oder etwas, das essentiell ewig, unsterblich, unendlich und göttlich ist – wie man als Wesen mit solchem Geburtsrecht am schönsten, am wundervollsten, am positivsten auf unserer Erde leben kann."

Maruschi Adamah Magyarosy beschreibt ihre innere und äußere Reise auf der Suche nach ihrem „menschlichen Diamanten". Sie gibt dabei jener Essenz eine Form, indem sie sie aus ihrer Perspektive widergibt. Maruschi Adamah Magyarosy schildert sie in ihrer eigenen Weise die verschiedenen Stationen und Erfahrungen:
von der scheinbaren Welt zur wirklichen Welt, von der Illusion zur Wirklichkeit und – schließlich – die Integration der beiden Welten und damit die Integration aller Gegensätze.

Inhaltsverzeichnis

Vorbereitung

Prolog

Er kam zur Tür herein und sah mich an. Er war nicht weniger überrascht als ich. Und als ob wir uns erst gestern zum letzten Mal gesehen hätten, setzten wir uns auf den Boden, Beine und Arme umeinandergeschlungen, ich auf seinem Schoß. Es war äußerst ungewohnt, äußerst natürlich, äußerst erregend. Ganz still saßen wir, ich weiß nicht, wie lange. Die Zeit verging ohne uns. Wellen von Energie und stiller Glückseligkeit strömten durch unsere Körper und über sie hinaus. Stille, unbeschreibliche Stille, sonst nichts...

Nach einer Weile sah ich in diese uralten, strahlend graugrünen Augen. Erinnerungen an Tibet blitzten auf – Bilder von eisbedeckten Bergpfaden über steil abstürzendem Fels schossen plötzlich kristallklar durch meinen Kopf, dahinter treibende Wolken, die für kurze Augenblicke die Aussicht auf noch höher sich aufbauende Gipfel freigaben... Eine Lebenslandschaft aus einem gemeinsamen, vergangenen Leben vielleicht? Ein plötzliches Wiedererkennen?

Auf meinen diversen Reisen hatte ich Landschaften wie diese gesehen. Das war noch nicht lange her. Ich bin Körpertherapeutin und Reisejournalistin. Indien und insbesondere der Himalaya ist mir von längeren Aufenthalten vertraut. Ungewöhnlichen Menschen bin ich dort begegnet – Meistern und Heiligen, aber auch selbsternannten Heiligen, Rattenfängern und Scharlatanen unterschiedlichster Couleur. Ein halbes Jahr lang habe ich zuletzt das Leben eines Eremiten geteilt – dort oben am Ursprung des Ganges. Mein Kopf war noch vollgestopft mit Eindrücken, mit angesammeltem Wissen, das mein Herz nur schwer verarbeiten und verdauen konnte.

Es waren gerade erst fünf Tage, daß ich zurück war. Noch war ich nicht ganz angekommen. Oder etwa doch? Denn das, was hier auf einmal geschah, war ein Ankommen anderer Art, ein völlig unerwartetes Ankommen. Es riß mich aus meiner Halbtrance, die immer einige Zeit nach solchen ausgedehnten Reisen anhält. Und der Teil, der scheinbar noch dort drüben weilte, war plötzlich hier, hellwach, präsent.

Und doch war es nicht das, was mir eine weise alte Frau – ein Orakel aus Leh/Ladakh – auf dieser letzten Reise prophezeit hatte: Ein Fremder würde innerhalb der nächsten neun Monate von weither kommen, mit einem strahlenden Geschenk. Er würde mich erkennen und aus meinem Halbschlaf aufwecken, aufwecken zu einer anderen Wirklichkeit, zu meiner wahren Wirklichkeit. Nein, mein soeben wiedergefundener „irdischer Geliebter" war nicht dieser Fremde. Doch sollte er mich zu ihm führen.

Noch immer saßen wir engumschlungen. Ich spürte den lebendigen Körper meines wiedergefundenen Geliebten. Er fühlte sich völlig durchlässig an, weich, transparent. Jede Zelle schien zu vibrieren, war durch und durch belebt. Hinter der strahlenden Kraft, die von diesem knabenhaften, beinahe asketischen und doch dynamischen Körper ausging, strömte zu mir etwas herüber, was ich noch nie bei einem Menschen in dieser Kombination so intensiv wahrgenommen hatte. Und doch war es mir so vertraut; es war genau das, wonach ich mich mehr oder weniger bewußt immer gesehnt hatte. Und hier saß er – lebendig, strahlend, in physischer Form mir gegenüber. Etwa die Projektion meines tiefsten Wunsches?

Immer mehr nahm ich eine unsichtbare, ganz besonders subtile Kraft wahr, die zwischen uns hin- und herströmte, die in und durch uns drang, die uns einhüllte und die schließlich den ganzen Raum erfüllte.

Spät am Abend – wir hatten inzwischen ähnliche und gemeinsame Erfahrungen, vermutlich aus alten Zeiten, wiederentdeckt und darüber hinaus unsere uralte Vertrautheit wiedergefunden – wollte er mir ein Geheimnis anvertrauen. Es sollte kein Geheimnis mehr bleiben, da es jetzt an der Zeit sei, dieses Wissen mit so vielen Menschen wie möglich zu teilen. Jeder könne daran teilhaben. Und er meinte: „Du mußt nicht monatelang die Strapazen ausgedehnter Fernostreisen auf dich nehmen, um das wiederzufinden, was du heute nachmittag erlebt hast. Auch dein exotisches Vorhaben – dich sieben Wochen lang mit deinem Personalcomputer und sonst nichts in eine Höhle einmauern zu lassen und zu glauben, das sei etwas Besonderes – ist überflüssig. Du würdest doch überall letztlich alles *in dir* finden. Es gibt da etwas, etwas viel Einfacheres, dich genauso jederzeit und überall zu finden, vorausgesetzt du übst regelmäßig eine Zeitlang die *Zwölf »Diamanten«*.

In diesem Augenblick begannen in mir alle Glocken zu läuten. Wieder einmal war mir so, als ob ich eine uralte Spur neu entdeckte. Und dann erzählte mir mein Geliebter von dem „geheimnisvollen Fremden", von den *Zwölf »Diamanten«,* die dieser unmittelbar aus dem „Diamant-Yoga" entwickelt hatte: Er erklärte: „Die Diamanten helfen dir, einen Raum zu berühren, den man gewöhnlich als 'sechsten Sinn' oder auch 'Intuition' bezeichnet. Konsequentes Üben ermöglicht dir, ein Stückchen aus jenem Raum immer mehr in den Alltag herüberzuholen, bis es bald keinen Unterschied mehr gibt zwischen unserem Alltag und jenem Raum, keine Trennung mehr zwischen hier und dort, zwischen Intuition, Intellekt und Körper... Die Übungen sind ganz einfache, natürliche Bewegungen – ein Atmen, ein Ausbalancieren, ein Öffnen und Reinigen, so daß Körper, Seele und Geist ins Gleichgewicht kommen. Sie lassen dich eine tiefere Wahrheit finden, deine Wahrheit, unser aller Wahrheit, die du gerade in mir zu entdecken glaubst. Doch in Wirklichkeit siehst du dein eigenes Strahlen. Und dasselbe Strahlen ist genauso in jeder Zelle von dir und in jedem Menschen. Dort wartet es, geweckt zu werden. Es ist aber schon immer da.

Die Übungen der *Zwölf »Diamanten«* ermöglichen es, daß du dir dessen bewußt wirst und dadurch ganz anders leben kannst.

Denn das größte Wissen allein genügt nicht, selbst wenn du die ganze Welt durchjagst und dich in die verstecktesten Höhlen des Himalaya oder sonstigen unterirdischen Behausungen verkriechst, um ausgefallene Erfahrungen zu erforschen und zu beschreiben.

Es geht darum, dieses Wissen, deine Wahrheit, in die Tat umzusetzen und das immer wieder zu üben, in jeder Situation, bis du wieder zu dem lebendigen strahlenden Diamanten wirst, der du schon immer warst, der jeder von uns schon immer war, und aus dieser strahlenden Essenz heraus durch jede Pore deines lebendigen menschlichen Körpers handelst."

Inzwischen war es spät nach Mitternacht geworden, und mein Geliebter erzählte noch immer – über die Wochen und Monate, die er an jenem versteckten Ort mit dem geheimnisvollen Fremden verbrachte und was er dort alles erlebte. Auch bekam er einen Namen wie jeder, der dort längere Zeit bleibt. Sein Name hat die Bedeutung „Neuer Mensch". Er gebraucht ihn wie ein Mantra, und er erinnert ihn daran, was er davon bereits lebt und was noch nicht.

Im Morgengrauen schlief ich endlich ein. Ich hatte ungewöhnliche, doch klare Träume. Wieder einmal erschien mir dasselbe uralte vertraute Gesicht, das mir schon einige Male zuvor in meinen Träumen begegnet war und mit dem ich bisher nichts anzufangen wußte. Diesmal jedoch sprach eine Stimme zu mir, klar und deutlich, und es war dieselbe krächzende Stimme des Orakels von Ladakh. Ich hörte sie ganz genau: „Er ist dein Geburtshelfer... Er ist der, der dich zu deiner diamantenen Essenz zurückführt... Er ist der, der dich lehrt, in deinen innersten Raum vorzudringen und deinen Ort und jeden Ort der Welt in dir zu finden, dort wo dein schlafender Buddha ruht und auf dich wartet – ewig, zeitlos... Er ist der, der endlich das schlummernde Dornröschen in dir wachruft und dich, in dir selbst, auf deine wahre Bestimmung hinweist..."

Der Rest geschah wie von selbst. Drei Tage später schenkte mir eine Freundin ein Buch mit demselben Gesicht als Titelbild, das mir wiederholt in Träumen erschienen war. Es hieß: „Es gibt nichts Besseres". Einige Wochen später luden mich einige meiner Freunde ein, gemeinsam mit ihnen an einem Fest – dem „Fest der Jahreszeiten", dem Winterfest zwischen Weihnachten und Neujahr – an einem versteckten Ort, mitten in den Bergen an einem See gelegen, teilzunehmen. Ich sagte zu. Und in diesem Moment wußte ich: Die Prophezeiungen des Orakels von Ladakh waren kein Märchen. Ich begegnete einem lebendigen Märchenprinzen, dem *Diamant-Prinzen,* der das möglich machte, was die alte tibetische Weise mir vorausgesagt hatte, obgleich ich ihr nicht glaubte.

Es war ein anderer Freund, der mir den allerletzten Impuls gab, dorthin zu fahren. Es war Wunjo – mein Sandkastenfreund. Äußerlich ist er männlich, und auf der Seelenebene ist er für mich seit Kindestagen wie meine eineiige Zwillingsschwester. Nie gab es jemals Geheimnisse zwischen uns. Jeder kennt – auch ohne viele Worte – alles vom anderen. Was immer wir uns gegenseitig anvertrauen ist, als ob es jeder schon längst in sich wußte. Und es ist so selbstverständlich, so gar nichts Besonderes.

Wunjo mußte im letzten Augenblick absagen. Er selbst war nie an jenem Ort gewesen. Daher habe ich meine Erfahrungen in Briefen an ihn weitergegeben und über ihn an alle anderen, die sich dafür interessieren. Es sind die Erfahrungen an einem Ort, den ich für ein paar Tage besuchen wollte. So jedenfalls hatte ich es geplant. Wie hätte ich damals wissen können, daß daraus schließlich *zwölf volle Monate* wurden?! In dieser bewegten Zeit sollte ich das erkennen und lernen, was ich bisher auf meinen Reisen in alle Teile der Welt noch nicht sehen wollte und konnte.

Vorahnungen – Vorübungen

Vorbereitung für das *wirkliche* Ankommen. Es gibt Schätze zu entdecken. Ich ahne: Sie sind zum Greifen nah! Noch liegt das Abenteuer vor mir. Und: Es hat bereits angefangen. Ich stimme mich ein. Ich stehe – und spüre mich stehen. Spüre mich. Ich atme und spüre mich atmen. Spüre mich. Es gibt keine Eile, nur entspannte Ruhe. Ich kann darauf vertrauen, daß ich alles finde – daß alles *mich findet* –, was für mich da ist...

1.

Langsam nehme ich meine Hände nach oben, streife den ganzen Körper aus – vom Kopf beginnend über Gesicht, Nacken, Hals, Arme, Brust, Bauch, Rücken, Gesäß, Genitalien, Beine, Füße –, als ob ich mich von unnötigem Ballast reinwaschen würde...

2.

Ich stehe noch und spüre mich. Ich atme ruhig, spüre meinen Atem, ganz ruhig, ganz entspannt. Dann beginne ich langsam meine Hände zu schütteln, ganz locker aus den Handgelenken. Ich schüttle alles Überflüssige, unwesentlich Gewordene heraus. Anschließend bleibe ich einen Augenblick entspannt stehen, während ich mich in meinen ganzen Körper hineinspüre, von Kopf bis Fuß... und ich weiß, das Wichtigste ist, nichts zu „machen", sondern mich bewegen zu lassen, nicht vom Kopf, sondern von innen nach außen...

I
Antennen zum Kosmos

Liebster Wunjo!

Neun Wochen lebe ich nun hier, zurückgezogen an diesem fernen Ort, auf der Suche nach meinem Diamanten. Es ist ein wenig bekannter Ort, der überall auf der Welt sein könnte. Beim Versuch, ihn dir zu beschreiben, stelle ich fest, daß das gar nicht so einfach ist. Vermutlich würdest du ihn ganz anders erleben.

Es geht darum, etwas zu begreifen, was nicht zu vermitteln ist, weil es nicht vermittelt werden kann und trotzdem vermittelt wird...

Zunächst die äußere Kulisse: ein kleines verschlafenes Schlößchen, versteckt gelegen in einem schwer zugänglichen, dichtbewachsenen Gelände. Das Schlößchen, das in seinem Inneren an einen asiatischen Tempel mit kleiner Klosteranlage erinnert, liegt an einem Berghang, zu dessen Füßen ein dunkler See ruht, eingebettet zwischen hohen bedrohlichen Bergen.

Sicher bist du jetzt neugierig, was hinter dieser geheimnisvollen Kulisse geschieht! Nun, es leben dort etwa neunzig Personen – ein Märchenprinz mit mehreren Frauen und Hofstaat. Ich könnte dir das Bild auch als Kloster beschreiben, dann wird aus dem Prinzen eine Art göttlicher Agent, ein kosmischer Prinz, der Diamantprinz. Er kommt aus dem Raum „Unbekannt", dort, wo alles unsichtbar und un-be-greifbar ist. Seine Botschaft ist, das Unsichtbare für jeden Menschen sichtbar und erfahrbar zu machen, so daß es durch jeden von uns leben kann.

Es ist ein außergewöhnliches, ein ganz besonderes Kloster – das Kloster *Zum Diamant-Orden.* Dort gibt es Nonnen, Mönche und deren Kinder. Sie kommen aus vielen Ländern, aus allen Teilen der Welt hierher. Und alle haben sie nur einen Wunsch: ihr Märchen vom schlafenden Dornröschen zu Ende zu träumen und endlich wirklich wach zu werden.

Stell dir einfach eine große Theaterbühne vor. An oberster Stelle steht der Hauptakteur, unser Prinz, in der Rolle des Energiemeisters. Er fungiert als göttliches Sprachrohr, und er ist namenlos, da er bereits alle Namen und deren Eigenschaften transzendiert hat. Er steht über dem Theaterstück, das heißt über dem Spiel seiner Mitspieler, die in ruheloser Suche nach ihrem verlorenen Diamanten sind. Gleichzeitig bewegt er sich aber mitten unter ihnen. Er hilft ihnen, ihren Diamanten aufzuspüren, wieder zu ent-decken, zu schleifen und zu polieren. Ich sehe ihn wie einen Diamantprinzen mit hochentwickelten Antennen zum Kosmos für die leisen und höchsten Schwingungen von Energie. Er vermittelt uns, unsere eigenen Antennen zu ent-wickeln, auszuwickeln, freizulegen von jahrelang zugewachsenem Dornengestrüpp, festverkrustetem Rost, Schmutz und Staub. Er wirkt so, als ob er alle Eigenschaften göttlichen und menschlichen Daseins in sich verkörpert.

Ich und der Kosmos sind eins, genauso wie ihr und der Kosmos eins seid. Das ist meine Erfahrung, nicht mein Vertrauen, nicht mein Glaube, nicht meine Hoffnung. Und ich tue alles, anderen zu helfen, die gleiche Erfahrung zu machen...

Der Tanz meiner Elektronen resoniert in anderen Menschen, bringt ihren eigenen Tanz hervor...

Manchmal glaube ich, in ihm Gott und Teufel in einer Person zu erkennen. Das ist sein Spiel mit uns. Es gibt keine festen Bezugspunkte. Wir Spieler müssen uns wohl daran gewöhnen, selbst zu entscheiden, welcher Aspekt der Realität in einem bestimmten Augenblick für jeden einzelnen gerade stimmt.

Ich sehe seine Augen funkeln wie zwei Saphire oder besser: wie zwei strahlende blaue Diamanten, die ein Wissen verbergen, das nicht von dieser Welt zu sein scheint, ein Wissen, das weit über alles Greif- und Sichtbare hinausgeht und jederzeit von ihm abrufbar ist. Und dieses Wissen vermittelt er uns, seinen Mitspielern, tagein, tagaus – von den besten Darstellern bis zum scheinbar unbedeutendsten Statisten. Dabei scheint er nie müde zu werden.

Die Wolken sind da, weil ihr sie selber macht. Sie sind Gedanken, Ideen, Überzeugungen. Die Erkenntnis, daß die Sonne auf euch wie auf alle anderen Lebewesen scheint, löst die Wolken sofort wieder auf...

Für ihn sind alle gleich, genauso wie für den *Höchsten Regisseur.* Der Diamantprinz meint, daß der *Höchste Regisseur* in jedem von uns wirkt, wenn wir zulassen, daß er durch uns spielt. Aber das erkennen wir erst, wenn wir leer werden, leer von unseren persönlichen Geschichten, leer von längst ausgespielten Rollen, die wir noch immer zu sein glauben und jahrelang mit uns herumschleppen.

Wunjo, es fällt mir schwer, so einfach leer zu werden. Immer wieder kreiert mein Gehirn neue, eigene Geschichten, erzählt mir Märchen aus der Vergangenheit, baut traumhafte illusionäre Zukunftsschlösser, in denen ich mich mit allen möglichen und unmöglichen Rollen identifiziere. Jede erweist sich letztlich wieder als neue Illusion, als schillernde Seifenblase, die zerplatzt. Sie sind wie Träume der Vergangenheit und Zukunft. Die Gegenwart, der Augenblick scheint immer wegzulaufen. Ich kann ihn nicht fassen, nicht festhalten. Ist es daher nicht verwunderlich, daß in diesen neun Wochen eine Ent-Täuschung der anderen folgte, schmerzhafte Ernüchterungen? Sie werden nur von kurzen Augen-Blicken unterbrochen – ein blitzartiges Aufwachen, in dem ich im Bruchteil einer Sekunde der Leere „ins Auge blicke". Dann ist es weg, und erneut meine ich, den Boden unter den Füßen zu verlieren, fühle mich völlig verloren.

Das Tor zur Seligkeit ist das Tor der Verzweiflung. Der Weg zur Seligkeit führt durch Verzweiflung, Nichtssein, Hoffnungslosigkeit. Gott ist ein Witzbold. Wer würde daran denken, daß solch ein Weg schließlich doch zum wertvollsten Juwel führt, das man überhaupt finden kann...

Gestern sagte mir Fukasetsu, einer der Mönche, der schon länger hier lebt und der eine ungewöhnliche Zufriedenheit ausstrahlt: „Nur im totalen Verlorensein kannst du gefunden werden und aufwachen..." Es scheint, als ob mir alles genommen wird, was mir bisher wichtig war. Es ist wie Sterben, ein Sterben von Altem zu Neuem.

Die Aufweckmethoden unseres Energiemeisters sind unkonventionell und unberechenbar. Der Tag besteht aus Meditation, Mahlzeit, Arbeit, Stille. Die Stille, das heißt die Bewußtheit aus der Stille, soll während aller Aktivitäten geübt werden. Die verschiedenen Meditationen, die zur Stille führen, letztlich aber im Aufwachen enden, sind von unserem Diamantprinzen empfangen und entwickelt worden. Sie heißen u. a. *Tuning-in, Kosmischer Atem, Soma, Body-flow, Das Große Geschenk, Die Zwölf Diamanten.* Mit den Zwölf Diamanten, Wunjo, kannst auch du das Energiefeld, das ich an diesem Ort wahrnehme, mitspüren. Sie ermöglichen mir, die Energie dieses Ortes mit allen Plätzen und Menschen der Welt zu verknüpfen und das daraus sich entwickelnde Bewußtsein jederzeit und überall wieder herzustellen.

Es ist alles für dich ausgebreitet, ohne daß du etwas dazutun müßtest, außer dazusein, gegenwärtig zu sein, offen zu sein, was dasselbe ist wie *Wachsein*... Sein, was du schon immer warst, ein Energiewesen in einem Universum, dessen Realität Energie ist...

Die zwölf Übungen des Diamant-Yoga, lieber Freund, führen dich und jeden, der sich darauf einläßt, direkt zum Zentrum seines Energiewesens. Es sind verblüffend einfache Übungen. Sie sind so etwas wie die Fünf »Tibeter«, nur etwas weiter entwickelt und subtiler in ihrer Wirkung. Sie sehen aus wie eine Mischung aus Pantomime und sanften Fitneßübungen, unterscheiden sich jedoch erheblich davon. Auch haben sie viele offensichtliche Ähnlichkeiten zu Yoga-Mudras, bioenergetischen Übungen, T'ai Chi u. a. Und doch sind die Unterschiede größer als die Ähnlichkeiten.

Bei diesen zwölf Übungen geht es darum, dich von innen nach außen bewegen zu lassen – vom Sein zum Werden, zum Tun – das heißt, während des Übens jeden Augenblick ganz bewußt und wach zu sein. Jede Körperhaltung und Bewegung, wenn sie von innen heraus durchgeführt wird, schafft eine direkte Verbindung zu Energien außerhalb deiner Persönlichkeitsstruktur. Und diese Verbindung ist fühlbar

– oft ganz deutlich. Sie kann festgelegte Strukturen, Panzer, Blockaden auflösen. Sie bringt Heilung, führt zur Mitte und belebt.

Wie alle anderen Meditationen und Energieübungen, die im Laufe der Jahre vom Diamantprinzen entwickelt worden sind, entstanden die *Zwölf »Diamanten«* aus seiner Arbeit an sich selbst und mit anderen. Er gibt die Übungen an jeden, der hierherkommt, weiter. Auch wir können sie wieder weitergeben, so daß dieser Energieraum für uns alle erfahrbar wird. Das Besondere daran ist, daß sie jeder auch für sich alleine überall und jederzeit durchführen kann. Es sind äußerlich ganz einfache Übungen, die aus einem Zustand absichtslosen Handelns, völliger Stille und gleichzeitiger Wachheit ausgeführt werden. Regelmäßiges Üben führt zu einer Integration von Aktivität und stillem Sein, von Dynamik und Stille. Und dieses Bewußtsein – ruhevolle Wachheit, dynamische Stille, bzw. stille unaufdringliche Dynamik – läßt sich dann in jeder Lebenssituation an jedem Platz der Welt herstellen.

Es ist nicht in erster Linie meine Absicht, euch hochfliegende Erfahrungen zu vermitteln. Meine Absicht ist, euch einen Geschmack vom HIER und JETZT zu geben, von Einfachheit, und ein Gefühl von Am-Leben-Sein...

Ich weiß, liebster Wunjo, mein Diamantbruder, daß du alles, was in mir, mit mir und um mich herum geschieht, auf einer bestimmten Ebene – auf der Ebene, die man gewöhnlich als den sechsten Sinn oder besser gesagt als Intuition bezeichnet – wahrnimmst. Aber ich möchte mit diesen Briefen auch auf einer ganz konkreten Ebene die *Zwölf »Diamanten«* des Diamant-Yoga mit dir teilen. In jedem Brief vermittle ich dir eine Sequenz mit zwei oder drei Diamantübungen. Du kannst sie üben und allen denjenigen weiterschenken, die dafür offen und bereit sind.

Und wie ich dich kenne, möchtest du die *»Diamanten«* am liebsten gleich ausprobieren. Laß mich bitte den Brief zuerst zu Ende schreiben, und lies auch alle folgenden Briefe gut durch. Denn wir wollen auf der konkreten Ebene beginnen, im Raum der greif- und sichtbaren Wirklichkeit.

Aus der Stille entstand die Welt. Die Welt ist Kind des Universums. Aus der Stille sind wir alle gekommen. Wenn wir damit in Verbindung sind, können Wunder geschehen...

Ganz besonders möchte ich dich darauf hinweisen, daß diese bedeutsamen und doch so einfach scheinenden Übungen keine Bewegungen sind, die man mechanisch lernen kann. Nein, lieber Wunjo, es sind ganz besondere Übungen aus einer energetischen Wirklichkeit, die der Diamantprinz für uns und für alle anderen entwickelt hat, um ebendiese Wirklichkeit zu erfahren. Als solche haben sie für jeden, der sie regelmäßig übt, einen heilenden, belebenden und bewußtheitsfördernden Wert. Und darüber hinaus wirst du erkennen, wie ich teilweise erkannte und jeder Übende erfahren wird: Jedes aufrichtige wahrhaftige „Tun" geschieht aus einem solchen Zustand, aus dem Raum des „Nicht-Tuns", aus einem Raum absoluter Stille und Ruhe. Es ist jener energetische Raum, aus dem der Diamant-Yoga hervorgegangen ist. Das ist Erwachen, das ist wirkliche Meditation, egal, was du dann tust, überall, wann und wo auch immer.

Immer wieder betont unser Energiemeister die Stille. Denn jedes Tun hat nur einen

Sinn, wenn es aus der Stille, aus dem Sein, aus dem Raum von Bewußtheit und Wachheit strömt. Alle, die hier leben, werden zu dieser Stille, zum Sein hingezogen, in dem Maße, indem sie leer und gleichzeitig wach werden. Diese stille Wachheit ist es, die uns untereinander durch Energielinien verknüpft. Das läßt sich mit einem Spinnennetz vergleichen: Wenn du einen Faden berührst, bewegt sich das ganze Netz. Und in diesem Energieraum löst sich alles Unechte, alles Unwesentliche auf. Du wirst zu reiner Energie.

Der Diamantprinz erklärt, daß jede Bewegung, von der Schöpfung bis heute und darüber hinaus bis in die Zukunft, nichts als ein Spiel von Energien ist. Hinter diesem Spiel gibt es etwas zu entdecken. Und dieses Etwas geht weit über dich hinaus, und gleichzeitig ist es mit dir verbunden.

Gottes Traum: Nehmen wir an, wir kommen von Gott und wir sind ein Teil von Seinem Traum. Wenn Gott träumt, ist alles ein Teil von Ihm, und Er weiß genau, was in Seinem Traum geschieht. Er ist es, der ihn entstehen läßt...

Im Gegensatz zur Weltenbühne aber, Wunjo, auf der die Spieler sich am liebsten hinter Masken und Aushängeschildern verstecken, heißt es an diesem Ort: Keine Masken aufsetzen, sondern alle Masken herunternehmen, totale Ent-Larvung: kein Schminken, sondern die ungeschminkte Wahrheit erkennen, leben und verkörpern – kein Ver-Kleiden, sondern Ent-Kleiden, weg mit den Wertungskostümen, mit den Vorstellungshemden, mit den Musteranzügen und der illusionären Schlaf- und Phantasie-Wäsche. Wir sollen nackt spielen, wahrhaftig, unschuldig und einfach, weniger dramatisch und tragisch. Dadurch schaffen wir Raum in uns, daß Er

– der *Höchste Regisseur* – Seine Kosmische Komödie in Seiner Sprache durch uns tanzen, singen, sprechen, spielen, lachen und vor allem lieben kann.

Die Stücke, die wir hier in neuer Version, mit neuem Bewußtsein uraufführen, heißen:
Die Ent-Hüllung der Maya, auch *Ent-Täuschung* genannt,
Die Be-Schneidung des Ego,
Kosmische Befruchtungstänze,
Dornröschens Erwachen zum menschlichen Diamanten,
Liebesspiele zwischen Himmel und Erde, zwischen Zeit und Zeitlosigkeit,
Der Traum wird Wirklichkeit.

Ja, liebster Wunjo, Gottes Traum – nehmen wir an, wir sind ein Teil von Seinem Traum, aus Seinem Traum geboren, so spüre ich hier an diesem Ort immer mehr, Gott selbst ist es, der uns Ihn suchen läßt, Seine Wirklichkeit, nicht unsere scheinbare Wirklichkeit...

In noch traum-hafter Verbundenheit
verbleibe ich deine Freundin

P.S.
Beinahe hätte ich das Wichtigste vergessen: die *erste Sequenz* mit den ersten zwei Diamanten aus dem *Diamant-Yoga*. Jedem Brief, lieber Wunjo, füge ich eine weitere Sequenz mit zwei oder drei Diamanten bei.

Zunächst fünf wesentliche Punkte, die zu beachten sind, um dir das Üben zu erleichtern:

Übe anfangs möglichst zum gleichen Zeitpunkt und am gleichen Ort.

Achte darauf, daß du 10 – 12 Minuten ungestört bleibst! Sie gehören nur dir – kein Telefon, keine Hausglocke usw.

Die *Vorübungen* sind genauso wichtig wie die »*Zwölf Diamanten*« selbst.

Übe nicht aus deinem Kopf, aus deinem Verstand, sondern aus dem Raum des „Nicht-Tuns" – das heißt:
vom Üben-Wollen zum Üben-Lassen, zum Geübt-Werden. Das ist Üben aus dem Tao...

„Stimme dich ein" – das heißt, öffne dein Herz, deinen ganzen Körper, deine Hände, öffne dich völlig dem, was aus dir strömt. Dann erkennst du: *Es bewegt mich!* Nicht: ich mache. Nur dann übst du echt, authentisch, wahrhaftig.

Und bevor du beginnst, empfehle ich dir: ein-lassen, üben, zu-lassen.

1. Diamant
Den Energieraum schaffen

Die Zwölf »Diamanten« sind im Übungsteil Seite 67 ff. detailliert abgebildet

Du beginnst, indem du langsam deine beiden Arme über den Kopf führst. Die Zeigefinger deuten in den Himmel. Halte diese Stellung einige Atemzüge lang, mit gestreckten Armen. Mit dem nächsten Einatmen führst du deinen rechten Arm seitlich bis in Schulterhöhe nach unten, mit dem Ausatmen wieder nach oben; dasselbe mit dem linken Arm. Du wiederholst die Übung mit jedem Arm einzeln drei- bis fünfmal in diesem Rhythmus: mit dem Ausatmen nach oben, mit dem Einatmen nach unten. Nach dem letzten Mal (mit dem linken Arm) bleibst du – wie zu Beginn der Übung – einige Atemzüge lang mit beiden Armen über dem Kopf, spürst, was mit deinen Händen passiert.

Mit dem nächsten Ausatmen führst du beide Arme gleichzeitig – Zeigefinger noch immer ausgestreckt – im Halbkreis seitlich auf Schulterhöhe. Mit dem Einatmen bringst du sie wieder nach oben über den Kopf. Wiederhole diese Übung drei- bis fünfmal: diesmal jedoch: Einatmen – Arme nach oben, Ausatmen – Arme nach unten. Beim letzten Mal bringst du deine Arme mit dem Ausatmen seitlich auf Schulterhöhe und läßt sie dann wie von selbst langsam nach unten sinken und zur Ruhe kommen; nachspüren, was innerhalb und außerhalb deines Körpers geschieht.

2. Diamant
Den Energieraum erweitern

Du führst deine Arme wieder über den Kopf, Zeigefinger deuten nach oben wie zwei Antennen. Bleibe einige Atemzüge lang in dieser Stellung. Mit dem nächsten Ausatmen (mit hörbarem Ton) führst du deinen rechten Arm gestreckt im Kreisbogen nach vorne bis in Schulterhöhe und mit dem Einatmen in gleicher Weise wieder nach oben, dasselbe mit dem linken Arm; abwechselnd mit jedem Arm drei- bis fünfmal: Ausatmen – Arm nach vorne, Einatmen – Arm nach oben.

Du beendest diesen Diamanten mit beiden Armen nach oben gestreckt. Und wie zu Beginn bleibst du einige Atemzüge lang in dieser Haltung. Zeigefinger sind immer noch ausgestreckt, deuten jetzt wieder wie zwei Antennen in den Himmel. Mit dem nächsten Ausatmen kommen beide Arme gleichzeitig nach vorne in Schulterhöhe, mit dem Einatmen wieder nach oben, drei- bis fünfmal: Ausatmen – Arme nach vorne, Einatmen – Arme nach oben.

Abschließend hältst du wieder beide Arme einige Atemzüge lang nach oben gestreckt. Die Zeigefinger deuten wie zwei Antennen in den Himmel. Stell dir vor, du lädst deine Hände wie zwei Batterien mit Licht und Energie auf. Vielleicht spürst du auch ein Prickeln?

Lasse dann diese „Lichtbündel" von Händen wie von selbst ganz langsam nach unten kommen, an die Stellen deines Körpers, wohin die Weisheit in deinen Händen, nicht das Wissen aus deinem Kopf, sie führt. Und wenn du deinen Händen erlaubt hast, ihren Platz zu finden, läßt du sie etwa eine halbe Minute dort ruhen...

II
Dornröschens Erwachen

Hallo Wunjo,
du lieber Weggefährte!

Heute morgen – unmittelbar nach dem Aufwachen – wurde mir auf einmal bewußt, was dein Name – Wunjo – bedeutet. Ich wachte auf mit dem Klang deines Namens in mir, wie ein Mantra. Und ich wußte nicht, wer ihn gerufen hat, du oder ich. Du warst plötzlich da, um mich herum. Ich fühlte dich rechts und links neben mir, unter und über mir. Kurze Zeit später hast du den ganzen Raum ausgefüllt. Schließlich konnte ich sogar deine Stimme hören. Ich nehme an, du wolltest mir etwas Wichtiges mitteilen. Vielleicht war es gerade das, was ich hörte:

Wunjo ist ein keltisch-druidischer Name. Es ist die zwölfte Rune der Druiden. Und die führt zu Freude und Licht. Du weißt ja, Freude setzt neue Energie frei, Energie, die vorher blockiert war. Und Licht durchdringt die Wolken, berührt die Erde und die Wasser, an dem Ort, wo der Diamant aus ihren Tiefen emporsteigt. Die Seele wird von innen durchstrahlt, an der Stelle, wo Himmel und Erde sich berühren, wo die Wasser mit dem Horizont verschmelzen. Wunjo ist die Rune, deren Lichtstrah-

Sie durchdringen sich, das Alltagsleben und das Strahlen. Sie sind nicht voneinander getrennt. Sie werden eins, indem sie sich durchdringen. So wie die Einheit in der Sexualität kommt – die ebenfalls ein gegenseitiges Durchdringen ist. Wenn du dich wirklich total darauf einläßt, weißt du nicht mehr, wer wer und was was ist, wer in wen eindringt – es wird unwichtig.

Ein Verschmelzen findet statt. Genauso ist es mit dem normalen Leben und dem Strahlen. Sie durchdringen sich...

len das begrenzte Ich mit dem Universum verbinden. Und jedesmal, wenn dieser Name ausgesprochen wird, werden die Eigenschaften dieser bedeutungsvollen Rune aktiviert...

Namen wird auch hier eine besondere Bedeutung beigemessen. Mönche und Nonnen erhalten, wie in allen Klöstern, neue Namen. Es sind Namen, die allen Kulturen und allen Traditionen entstammen, aber hauptsächlich aus dem, was der Diamantprinz „Quinx", die fünfte Dimension nennt. Sie sind immer völlig neu. Sie wirken wie Klänge aus dem Universum. Sie verfügen über eine Kraft, die unser schlummerndes Potential weckt. Wir werden zu der Eigenschaft, die die Energie des Namens vermittelt. Das läßt sich mit Mantren oder Anrufungen vergleichen. Die rhythmische Wiederholung, gehört oder gesprochen, läßt den Inhalt des Wortes über die Frequenz des Klangs zur Wirklichkeit werden.

Dem Wind mußt du dich beugen, immer und immer wieder, und dann mußt du im Wind verschwinden. So kannst du deine Essenz finden. So findest du die Essenz von jedem und allem. Es klingt wie ein Märchen, aber es ist keines...

Unsere Mönche und Nonnen heißen zum Beispiel Avir (Der Unsichtbare), Zahedra (Neuer Mensch), Gopala (Göttliche Geliebte), Marati (Verborgene Wachheit) usw. Unser Diamantprinz weiß, welcher Name für jeden der richtige ist, welcher ihm auf der Suche zum Ort seines Diamanten weiterhilft. Dort begegnet er dann allen anderen Namen, denen der Mönche und Nonnen und deren Märchenprinzen aller Zeiten. An diesem Ort aber lösen sich alle Namen und alle Formen auf. Denn es ist ein Ort strahlender Stille. Es ist der Ort unserer Sehnsucht, die Endstation unseres Suchens. Und an diesem Ort gibt es nur eine Sprache, die Sprache des Lichts und der Liebe.

Unterwegs geht es darum, mit Hilfe von Übungen, dem Klang von Namen, von diversen Methoden, die das Loslassen erleichtern, unsere alten Identitäten abzulegen, auszulöschen. Es geht darum, alles, was wir bisher zu sein geglaubt haben, jede Idee, jede Vorstellung, jedes Konzept als Traum zu durchschauen und zu vergessen, welche Wahrheit auch immer wir uns konstruiert haben. Der Name ist wie ein Fahrzeug zu jenem Ort, der sogar jenseits von Leben und Tod ist, an dem wir zum ersten Mal von den Strahlen des Diamanten berührt werden. Und wir erkennen, daß alle Namen, alle Träume, alle Aktivitäten aus diesem Raum – dem Raum des Lichtdiamanten – entstehen. Doch leider vergessen wir seine Strahlen wieder, die Kraft seiner Energie, identifizieren uns mit unseren Träumen, nähren uns von ihnen, ersetzen sie durch andere, durch vermeintlich bessere.

Es geht nicht darum, die gängige Realität, an die alle Menschen glauben und die sie für ihr Leben halten, durch eine außerirdische, nichtkörperliche, im Nichts verschwindende Wirklichkeit zu ersetzen. Es geht darum, beide zu sehen, als *gleich*zeitig mögliche und *gleich*-bedeutende Realitäten. Jede hat ihre Wahrheit und fügt sich leicht zur anderen, so wie zwei Verliebte miteinander verschmelzen...

„Aufwachen heißt: aufhören zu träumen" – das, Wunjo, sagte mir heute Inanna, unsere Chef-Küchenfee vom Morgenstern. Ich hatte mich gerade ziemlich tief mit einem scharfen Brotmesser (nicht mit der Spindel!) in den Finger geschnitten. Mein Geist war weit weg, beschäftigt mit Plänen für die Zukunft, wann, wohin und wie ich in die Außenwelt zurückkehre. Seither bin ich für praktische „Arbeitsmeditationen" vorerst nicht brauchbar. Und während ich versuchte, das strömende Blut, das sich durch die halb weggeschnittene Zeigefingerkuppe seinen Weg bahnte, unter fließendem Wasser abzukühlen und zum Stillstand zu bringen, sagte Inanna weiter: „Und nicht mehr zu träumen bedeutet: nicht mehr an das zu glauben, was du bisher als deine Wirklichkeit gesehen hast. Aufwachen heißt, bewußt und wach, aus und in jedem Augenblick zu leben!"

Dann bist du verloren, aber im Verlorensein bist du auf der ersten Stufe des Gefundenwerdens. Du bist dem Vertrauten verlorengegangen, aber vielleicht bist du kurz davor, vom Unbekannten gefunden zu werden...

Ja, Wunjo – das übe und lerne ich hier, manchmal auch durch ganz konkrete Schmerzerfahrung. Inzwischen gelingt es mir, die Augenblicke des Erwachens zu verlängern. Und noch etwas geschieht in dieser Schule, in der die Lehre der Leere gelehrt wird: das große Verlernen. Ich verlerne Schritt für Schritt jahrelang angehäuftes Wissen, dogmatische Glaubensinhalte, angesammelt aus Ost und West, Ideen, denen ich jahrelang von einem Ort der Welt zum anderen nachgejagt bin und die mir einst so wichtig schienen. Ich lerne, mich frei zu machen – ein seelischer Striptease, der mich befreit von meiner Meinung, wer ich bin – groß oder klein, bedeutend oder unbedeutend, erfolgreich oder nicht erfolgreich, frei auch von dem spirituellen Dünkel, den ich mit vielen teilte. Konventionen, Normen, Gewohnheiten, Muster – sie werden immer unbedeutender und verblassen.

Es ist pure Eitelkeit, zu glauben, daß deine Vorstellungen über Richtig und Falsch es wert sind, auch nur einen Augenblick länger zu leben als du selbst...

Gelegentlich erlebt mein Ego Todesängste. In äußerster Bedrohung bäumt es sich auf, wie eine wildgewordene Pußta-Stute, die es schafft, selbst den erfahrensten Reiter herunterzuschleudern. Und wie ein feuerspuckender Drache wehre ich mich schon wieder, langatmige Lebensphilosophien abzulegen, starre Ansichten, Einstellungen und Vorstellungen, Urteile und Vorurteile zu opfern, Ideen davon, wie etwas – ganz besonders hier – funktionieren sollte. Das geschieht manchmal unerwartet und heftig, zum Beispiel wenn ich sehe, wie manche Mönche und Nonnen abgehoben zur Arbeitsmeditation schweben; wie sie unterwegs ihre aufgesetzten Heiligenscheine polieren, schwelgend und fromm lächelnd in sich versunken oder aber – mit verbissener und essigsaurer Miene – ihre verspannten Körper zwingen, Holz zu hakken, Rasen zu mähen, Hecken zu schneiden, Kaffee zu kochen und anderes.

Es ist, als ob sich alles im Körper herumdrehen würde und alles im Herzen aussöhnen würde und alles im Verstand weggeblasen würde...

Doch plötzlich sehe ich dann diese Kulisse wieder wie eine Theaterbühne, auf der ich meine emotionalen Wechselbäder genieße, mit intensivem Duft und viel Schaum. Ich muß schallend lachen über diesen meinen kosmisch-irdischen Ego-Witz. Und dann ist auf einmal alles wie vom Wind weggeblasen. Diese Berg- und Talfahrten werden immer schneller. Das bewirken die ganz einfachen körperlichen Arbeitsmeditationen, die dazu gedacht sind, uns mehr und mehr die eine Wirklichkeit innerhalb der anderen erkennen und erleben zu lassen und zu leben. Denn: „Der Körper ist dem Tao näher als der Verstand", sagt der Diamantprinz. Und so wird hier unter anderem besonderer Wert darauf gelegt, mit dem Körper zu arbeiten,

Wachsein hat nichts mit dem Verstand zu tun. Es hat zu tun mit einer Ewigkeit, die der Verstand gar nicht erfassen kann...

Dann wird die Persönlichkeit, in die du eingesperrt bist, irrelevant. Du kannst ihr entschlüpfen...

nicht zum Selbstzweck – als Gymnastik oder Fitneß -, sondern als notwendige Vorbereitung, damit die Energie in einer fundierten und effektiven Weise strömen kann. „Wir müssen den Teil der Energie, der in Blockaden im Körper festgehalten wird, aus diesem nutzlosen Raum in einen anderen bringen, wo wir die Energie harmonisch werden lassen können", meint der Diamantprinz.

Die Brücke bilden die *Zwölf »Diamanten«*. Sie ermöglichen dir, dich ins Tao fallen zu lassen. Das heißt: ein Nicht-Tun, ein Geschehen-Lassen. Das ist Sein. Und wenn du im Sein bist und dein Verstand meldet sich wieder, weil er alles besser zu wissen glaubt, kannst du sein hektisches Treiben dort oben im Kopf, in deinem Gehirn, beobachten und bleibst doch gleichzeitig im Sein. Und von dort kannst du dich vom Tao bewegen lassen. Die Weisheit des Tao lebt in dir und durch dich. Und aus diesem Raum des Tao siehst du, spürst du und erkennst du die Teile in deinem Energiesystem, die verspannt, blockiert und voller Widerstände sind.

Gestern sagte unser Kosmischer Prinz zu mir: „Erst wenn du aufhörst, dir etwas vorzumachen, wer und wie du bist und wie du sein sollst, dann stehst du am Ufer deines wahren Wesens. Und die Wellen tragen dich weg. Sie spülen dich mitten ins wirkliche Leben. Und du läßt das Leben geschehen aus dem Ozean deiner wahren Natur. Es gibt kein Ziel, außer authentisch und wahrhaftig zu leben, entsprechend

Und dann stehst du vor einfachen Dingen, wie einer Blume, einem Baum, hörst einen Vogel. Und du merkst, daß du die Schönheit, das Sein, die Göttlichkeit kaum aushalten kannst. Du fällst zu Boden. Du kannst nicht mehr aufstehen. Deine Arme erheben sich zu einer Geste, und Tränen kommen. Du hast keine Worte dafür. Du wirst Es niemandem, den du kennst, beschreiben können...

deinem Wesen. Aber noch wehrst du dich, ganz frei zu werden, frei zu fliegen, deinen Käfig zu verlassen. Der Käfig ist deine alte Identität. Die Gitterstäbe sind deine Muster, an denen du dich festklammerst. Du bist wie ein Vogel, der im Käfig sitzt. Die Tür ist offen. Du möchtest aber den vertrauten Käfig noch nicht verlassen. In jeder Zelle deines Körpers sitzt verkapselt Angst – Angst, der Wahrheit in dir zu begegnen, Angst, dein mächtiges Potential freizusetzen, ja sogar Angst, deine Ur-Angst überhaupt erst einmal zuzulassen, damit du sie wieder loslassen kannst. Denn sie ist es, die dein Urvertrauen umklammert hält, dich erstickt. Und du hast Angst, diese ganz natürlichen Prozesse zuzulassen.

Warum erlaubst du nicht, das schlafende Dornröschen in dir endlich wecken zu lassen, dein wahres Wesen zuzulassen und alles, was du wirklich bist, aus dieser unbegrenzten diamantenen Essenz strömen zu lassen!"

Wunjo, lieber Freund, fühlst du dich mit betroffen? Laß mich abschließend einige Zeilen zitieren, die ich gestern in einem der Bücher des Diamantprinzen in der Bibliothek gefunden habe und die uns alle berühren:

Das Strahlen
Wenn man beginnt zu strahlen,
sieht man auch das Strahlen von allem,
das einen umgibt;
ein überwältigendes, erschütterndes Strahlen.

Dann verliert man es wieder;
aber das heißt nicht, daß das Strahlen verschwunden ist.

Es heißt, daß wir den Ort in uns selbst wieder verloren haben.

Und den, lieber Wunjo, lerne ich hier wieder und wieder finden.

In strahlender Verbundenheit
deine Diamantschwester

P.S.
Lieber Wunjo, hier ist die *zweite Sequenz*, die Steigerung von Sequenz eins, diesmal mit drei Diamanten. Regelmäßiges Üben führt dazu, daß unser erstarrtes Dornröschen mit diesen Diamanten etwas lebendiger wird.

Vorab wieder einige wesentliche Tips zum weiteren Üben:
Je entspannter du übst, jeden Leistungszwang losläßt, desto mehr Bewußtheit und Energie kann durchkommen. Das ist Tao.

Laß dich von der Weisheit des Tao bewegen, nicht von deinem Intellekt. Das Tao ist weiser als alle unsere Vorstellungen und Erwartungen, die wir von uns, von anderen, ja sogar von den Übungen und deren Wirkungen haben.

Übe regelmäßig. Laß das Üben zu einem natürlichen Bestandteil deines Lebens werden, wie Essen, Trinken, Zähne putzen. Dann entdeckst du auf einmal, daß du immer mehr in jenen Zustand kommst, der wahre Meditation ist, überall und jederzeit. Und dann bist du im Tao.

3. Diamant
Dornenhecke öffnen

Kreuze langsam die Arme vor der Brust. Die Hände liegen leicht auf den Schultern. Erlaube den Mittelfingern einen leichten Druck an den Stellen, an denen du die Schultern berührst. Beuge dann deine Knie leicht, und beuge gleichzeitig deinen Oberkörper weit nach vorne. Streiche dabei mit den Händen über den Brustkorb seitlich nach außen, als ob du einen Schleier – die Dornenhecke – vor dir zur Seite schieben würdest. Dabei atmest du mit hörbarem, seufzendem Ton aus. Stell dir vor, du befreist dich durch die Bewegung mit der Ausatmung von altem dornigem Gestrüpp: Widerstände, Unwissenheit, Angst, Traurigkeit, Zweifel usw. Mit dem Einatmen richtest du dich wieder auf und bringst Arme und Hände wieder in die Ausgangsposition zurück. Wiederhole diesen Diamanten drei- bis fünfmal oder öfter, falls es deine Zeit erlaubt. Er ist sehr wertvoll. Ausatmen mit Ton – Arme seitlich nach außen, Einatmen – zurück in die Ausgangsposition.

4. Diamant
An den Stellen der Heiterkeit

Bringe den Mittelfinger deiner rechten Hand an deine rechte Schulter und deinen linken Mittelfinger an deine linke Schulter, direkt zu den „Punkten der Heiterkeit". Diese liegen unmittelbar am oberen Brustkorb, unter den Schultergelenken (siehe Bild). Bleibe einige Atemzüge lang genau an diesen Punkten, damit du mit ihnen bewußt Kontakt aufnehmen kannst. Mit dem nächsten Ausatmen – du läßt wieder einen hörbaren Ton zu – beugst du gleichzeitig deinen Oberkörper und deine Knie. Deine Hände beschreiben dabei einen Kreisbogen nach vorne und unten. Mit dem Einatmen kommst du in die Ausgangsstellung zurück. Auch diesen Diamanten wiederholst du drei- bis fünfmal oder öfter, sofern es deine Zeit zuläßt: Ausatmen – nach vorne und unten kommen, Einatmen – zurück in die Ausgangsposition.

Und dann beendest du diese Übung unbedingt mit den Fingern an den Stellen der Heiterkeit. Einige Atemzüge lang hältst du diese Position. Dann bringst du mit dem Einatmen deine Ellbogen wie zwei Flügel seitlich nach oben, hältst Atem und Stellung, solange es dir guttut. Und mit der Ausatmung löst du dich aus dieser Position, läßt die Arme langsam seitlich nach unten sinken und spürst nach.

5. Diamant
Den Horizont erweitern, neue Dimensionen ergründen

Du ballst deine Hände leicht und sanft zu Fäusten und bringst sie vor deiner Kehle oder deinem Gesicht zusammen. Dabei berühren sich die Daumen der Länge nach und zeigen nach oben. Führe dann langsam mit dem Einatmen die Fäuste und Ellbogen nach oben über den Kopf. Beschreibe mit den Fäusten einen seitlichen vertikalen Halbkreis nach unten, während du ausatmest, bis die Fäuste sich am Bauch wieder berühren. Bringe sie von dort in die Ausgangsstellung zurück. Wiederhole diesen Diamanten drei- bis fünfmal: Einatmen – nach oben, Ausatmen – seitlich nach unten. Du beendest diesen Diamanten mit den Fäusten in deiner Ausgangsstellung. Anschließend läßt du Arme und Hände langsam nach unten sinken, um nachzuspüren. Fühle in dich hinein: Spürst du eine Bereitschaft, Altes loszulassen, leer zu werden, leer und frei, um Platz für Neues zu schaffen, den Raum vorzubereiten, in dem sich dein noch schlummerndes Potential ausdehnen kann?

III
An der Schwelle zum Königreich

Liebster Wunjo,
du schweigender Reisebegleiter!

Tage und Wochen fliegen dahin. Mein Zeitgefühl hat sich aufgelöst, bis auf die Alltagsroutine, in der wir die Verbindung von Zeit und Zeitlosigkeit üben und lernen sollen. Das bedeutet: Stille, höchste Wachheit und Bewußtheit in jeder Situation, zu jeder Zeit und überall zu üben, hier und auch außerhalb dieser malerischen Kulisse, draußen in der Welt. Es ist wie eine Meditation ohne Ende, mit offenen Augen und Ohren und mit allen übrigen Sinnen, auch mit dem „sechsten". Es ist die Meditation des Augenblicks, was immer du gerade tust – Auto fahren, Bücher schreiben, Zähne putzen, telefonieren, lieben usw.

Aufwachen bedeutet, aus dem Augenblick zu leben und gleichzeitig die Ewigkeit zu berühren...

Heute morgen sagte mir Gilgamesch, unser ältester Diamantbruder, der schon jahrelang hier lebt und angewiesen ist, mich zu betreuen und zu unterstützen: „Es geht bei uns nicht darum, ein berühmter Mann oder eine faszinierende, neue Frau zu werden. Es geht auch nicht darum, eine neue Gesellschaft oder eine neue Nation zu gründen, mit der Absicht, etwas Noch-nie-Dagewesenes auf eine besondere Art und

Das ganze Streben nach Wahrheit seinlassen und statt dessen beginnen, dich einfach seinzulassen. Und dann kannst du entdecken, was da ist – wenn du einfach losläßt und im Augenblick bist...

Weise zu tun, die brillant, außergewöhnlich oder besonders esoterisch oder spirituell ist und deinen geistigen Hochmut füttert und streichelt. Was hier geschieht, kannst du überall in der ganzen Welt geschehen lassen. Es ist jenseits aller Begriffe und doch ganz einfach: deinen natürlichen Zustand – das ICH BIN – wieder zu entdecken und zuzulassen, ohne Umwege und ohne Wichtigtuerei. Es geht darum, wieder nackt zu werden. Denn nur aus dem Einfachen kann das Strahlende, das Außergewöhnliche hervorgehen. Und dieses Strahlen sowie das ganz einfache Alltagsleben durchdringen sich gegenseitig. Je bewußter und wacher du lebst, je leerer und einfacher du wirst, desto klarer erkennst du, daß der Alltag kein Hindernis auf dem Weg zu deinem verlorenen Diamanten ist. Dessen Strahlen, seine Stille, sein Sein verschmelzen mit allem, was du tust, durchdringen alles, egal, was, wo und wie es ist. Du mußt dich nur total darauf einlassen. Seine Welt ruht in schweigendem Sein, in kristallener Klarheit. Doch schwingt sie mit einer Energie, mit einem Strahlen, das immer präsent ist in unserem pulsierendem Universum. Eigentlich besitzen wir sie schon. Doch sind wir uns dessen nicht bewußt."

Ja, Wunjo, deine Gedanken kommen gerade bei mir an. Du möchtest wissen, ob der Diamantprinz erleuchtet ist. Ich weiß es nicht, aber ich weiß, daß Erleuchtete unberechenbar sein sollen, genau wie unser Energiemeister. Auf uns wirken sie in ihrem Verhalten manchmal befremdend und herausfordernd. Aber für sie gelten andere Gesetze, andere Normen, die nicht mehr mit unseren Maßstäben identisch sind. Einen Vorgeschmack habe ich durch das Üben der *Zwölf »Diamanten«* bereits erfahren. Denn das, womit wir hier arbeiten, ist unsichtbar. Du kannst es mit deinen physischen Augen nicht wahrnehmen. Es ist kein Ort auf der Landkarte deines Intellekts oder deines Gehirns, obgleich die Wissenschaft seit Jahren darüber Forschungen anstellt. Irgendwann werden diese beiden Welten zusammenkommen. Aber noch ist es ein relativ unerforschtes Gebiet, wie Atlantis – am Grunde des Meeresbodens begraben! Doch du kannst es fühlen, du kannst dort eintauchen, und du kannst von ihm berührt werden, so daß du plötzlich eine völlig neue Wirklichkeit erlebst.

Erleuchtete wirken aus einer anderen Dimension. Der Energiemeister spricht von Raum Null und Raum Eins. Er handelt aus dem Raum Null und wirkt doch gleichzeitig in Null und Eins. Das heißt: Null ist die kosmische Realität, Eins die irdische. Er lebt in beiden. Das läßt sich vergleichen mit dem Ozean (Null) und der Welle (Eins), die der Ozean an die Oberfläche wirft. Und doch – die Welle ist dasselbe wie das Meer, sie wird aus seinem Wasser geformt.

Materie wird Geist, Geist wird Mensch. Wir stehen am Rande des Ozeans unserer Ur-Natur...

Es gibt da ein wunderbares Gleichnis: Eine Puppe aus Salz machte sich auf, den Ozean auszuloten. Wer kam zurück, um zu berichten? Die Salzpuppe löste sich einfach auf, sie konnte nicht zurückkehren...

Dieser Ort – wo du deine Wirklichkeit spürst -, er ist jenseits von Richtig und Falsch. Dieser Ort ist der Ursprung allen Handelns...

Beides ist in uns, und beides kann gleichzeitig bestehen und gelebt werden. Und die *Zwölf »Diamanten«* ermöglichen dir, diese Verbindung herzustellen. Ozean und Welle, Kosmos und Erde, Energie und Materie – sie sind der Schlüssel, sie verbinden alle scheinbaren Gegensätze. Dann gibt es nicht mehr ein Entweder-oder, sondern ein Sowohl-als-auch: Körper – Geist, Welt – Gott, Raum Null – Raum Eins, Geerdetsein – In-den-Himmel-abheben. Die Diamantkette ermöglicht dir, durchlässig zu werden für beide Aspekte. Dann gibt es keinen Konflikt mehr. Und du erkennst deine wahre Natur: Licht und Liebe. Und dann kannst du auch manchmal ein Steak oder Chips essen, ja sogar ein gutes Glas Wein trinken, vielleicht auch zwei oder drei. Das entscheidest du ganz alleine aus dir heraus für dich, und du bist oder bleibst nicht Opfer eines fanatischen Vegetarismus oder sonstiger starrer Disziplinen. Letztere sind nur vorübergehende Krücken, die manche nicht mehr loslassen wollen. Du kannst dich mit den Sternen, dem Universum und dem Göttlichen dahinter verbinden und gleichzeitig auf der Toilette oder beim Lieben meditieren. Und du bist frei, frei für dich zu entscheiden und zuzulassen, was für dich stimmt, falls du den Mut dazu aufbringst.

Übrigens, seit einem Monat vermittelt der Diamantprinz nur noch sogenannte Quinx-Namen. Und die sind immer völlig neu. Es hat sie noch nie gegeben. Quinx ist der Raum Nirgendwo. Es ist die 5. Dimension – jene Ebene, auf der der Diamantprinz den Energiekontakt mit dem Energiewissen der Person aufnimmt, die um einen neuen Namen bittet. Und dort – aus der Quinx – holt er jene ergänzende Schwingung, in Form von Namen, die der betreffenden Person zu ihrer Vervollkommnung weiterhelfen. Die letzten Namen, die er herüberbrachte waren: Myrano, Aranji, Mesuri, Meridas, Uriyo u.a.

Für mich haben alle Quinxnamen einen heilenden Klang. Manche sehe ich in ihren Farben. Einige scheinen tiefer, andere heller in ihren Tönen und in ihrem Klang, entsprechend den Bedürfnissen ihrer Träger.

Ich glaube, Wunjo, wenn wir mit der Dimension unseres Diamantprinzen, mit der Dimension der Strahlung, einmal Verbindung aufgenommen haben, von ihr infiziert wurden, verliert Erleuchtung ihre Bedeutung. Sie ist kein Ziel mehr. Sie wird nebensächlich. Du kümmerst dich nicht mehr darum, den Gipfel zu erreichen. Du nimmst die Strahlen wahr, und du wirst mehr und mehr selbst zu den Strahlen. Und durch das Strahlen dehnst du dich aus und verbindest dich zunächst mit deiner Umgebung, dann mit der ganzen Welt, mit dem ganzen Kosmos. So fühlt sich Erwachen an. Und dieses Erwachen, Wunjo, kann an jedem Platz, an jedem Ort, zu jeder Zeit geschehen.

Versetzt euch einfach in diese Erfahrung: Der Herzschlag, den ich hörte, war nicht mein Herzschlag, es war das Herz der Welt. Das Individuum ist nicht mehr getrennt. Du bist Teil der ganzen Welt...

Strahlender Höhepunkt, mein lieber Diamantbruder, im Gegensatz zum gewöhnlichen Alltag (in dem ich mich immer noch

Leere ist das, was allem zugrunde liegt. Sie ist es, aus der alle Erfahrungen stammen. Sie ist es, die von all diesen Erfahrungen wie von Wolken verschleiert wird...

Wenn alles Suchen aufgehört hat und du zur Ruhe kommst, dann bist du in Resonanz mit dem Universum. Und wenn das geschieht, verliert der Gedanke, du seist vom Universum getrennt, seine Wirklichkeit...

schwer zurechtfinde) sind unsere abendlichen *Ein-stimmungs-Stunden,* die „Tuning-in-Meditation". Mönche und Nonnen erscheinen in Weiß gekleidet, um Ver-Stimmungen des Alltags abzuschütteln und sich neu einzustimmen, um leer zu werden, leer für das, was wir, was du und was wir alle suchen – mehr oder weniger bewußt. Jeder Abend ist für mich neu, erhebend und ergreifend. Ich erlebe uns dabei wie auf einer irdisch-kosmischen Bühne. Hier aber werden wir zum Orchester. Jeder Musiker stimmt zunächst sein Instrument solange, bis er selbst zum Instrument wird. Die verschiedenen Instrumente bringen dann alle möglichen und unmöglichen Töne hervor, Töne, die ich noch nie gehört habe.

Unser Energiemeister wirkt als Dirigent, als Sprachrohr zum Universum. Dabei wird er zum Vermittler zwischen Himmel und Erde, zwischen dem Großen Komponisten, den Musikern und ihren eingestimmten Instrumenten. Manchmal spüre ich, wie gerade in diesen Stunden die reine kosmische Energie sicht- und fühlbar in ihm Mensch wird. Der Große Komponist des Universums scheint von ihm total Besitz zu ergreifen.

Ein unbeschreibbares Strahlen geht von ihm aus, springt auf mich, auf uns über, reißt uns mit in diesem Orchester von Energien. Hier steht jemand, ein Botschafter des Universums, der alles zu sehen und zu verstehen scheint – ein strahlender Diamant, verkörpert in einem Menschen. Mit der Kraft, die weiß, wie die Kraft des Lebens, die Ur-Lebensenergie bewegt werden kann, versucht er uns dieses All-Wissen zu vermitteln. In diesen Momenten erlebe ich uns, alle, dich eingeschlossen, wie ein großes Orchester, das sich auf alle Klänge, auf alle Wellen dieses Universums einzustimmen vermag – auf die hohen und auf die tiefen, die lauten und die leiseren, die langen und die kürzeren, die scharfen und die sanfteren, die schnellen und die langsameren.

Es gibt nichts, das nicht Energie ist. Deshalb gibt es auch nichts, dem du auf dieser Ebene nicht begegnen kannst – kein Ding, kein Geschöpf, kein Traum, kein Gedanke...

Noch ruht der Große Komponist im Raum Unbekannt. Doch sobald Er unser Einstimmen wahrnimmt, beginnt er Seine „Schöpfungssymphonie in Weiß" durch uns zu spielen – ein musikalisches Liebesspiel in fünf Akten. Die ersten vier Akte finden an der Schwelle zum Königreich statt. Im fünften und letzten Akt vereinigen sich plötzlich die weißen Söhne des Himmels mit den farbigen Töchtern der Erde. Sie zeugen die nächste Generation: strahlende, leuchtende Kinder, die inmitten der Zeit und der Welt zu ihrer Unsterblichkeit erwachen. Sie sind die neu geborenen menschlichen Diamanten, die ewig leben.

Sonne und Mond, die Sterne und der Himmel, die Erde, die Wasser der Meere und der Wind – sie alle geraten beim Anblick dieses ekstatischen Liebesspiels in höchste Erregung. Donner und Blitz schlagen in uns ein und durch uns hindurch.

Die Zaubertöne dieser kraftvollen universalen Liebessymphonie scheinen jedes noch so tief schlummernde Dornröschen aus seinem todesähnlichen Schlaf wachzurütteln – so lange, bis es sein wirkliches Leben wiedergefunden hat und zusammen mit seinem Prinzen endgültig über die Schwelle ins Königreich der *Unsterblichkeit* eintreten kann...

Deine Diamantschwester

Zurück zur Erde, zurück zum konkreten Üben:

Lieber Wunjo, hier kommt die *dritte Sequenz* aus dem *Diamant-Yoga* mit zwei weiteren strahlenden Diamanten – dem sechsten und dem siebten!

Weitere Tips für wirkungsvolles Üben:

Einstimmen: Stimme dich ein, öffne dich, dein Herz, deinen Körper, deinen starren Verstand, laß dich leer werden, besonders deinen Kopf. Denn je ruhiger dein Geist wird, desto mehr kann er gleichzeitig wahrnehmen.

Loslassen: Wenn du dich auf das Loslassen einstimmen kannst, dann kann die kosmische Energie dich berühren, und du kannst dich mit ihr verbinden. Und dann wirst du von einer tieferen Wahrheit in dir gefunden. Und plötzlich erkennst du, daß die Verbindung immer da war und ist, mit allem, was in dir und um dich herum existiert. Ja, du erkennst dich als ein Teil davon.

6. Diamant
Den Herzenslotus freilegen

Bringe deine Fingerspitzen in die Mitte des Brustkorbs. Die Fingernägel berühren sich leicht. Deine Hände bilden ein V; Einatmen – mit dem Ausatmen streichst du mit den Fingerspitzen in einem großen Kreis vom Brustkorb weg, weit nach außen, als ob du dich von allem unnötig Begrenzenden befreist, als ob du alte Haut abschälen wolltest. Bringe dann deine Hände mit dem Einatmen in einem seitlichen Kreis nach vorne und kehre zur Ausgangsposition zurück. Sie liegt dort an deinem Herzbereich – an der Schwelle zum Königreich – an deiner Thymusdrüse, die sich unmittelbar hinter deinem Brustbein befindet. Du räumst Altes weg, bevor du das Tor in den Raum für Licht, Liebe und Freiheit öffnest. Wiederhole diesen wichtigen Diamant drei- bis fünfmal:

Ausatmen – mit den Fingerspitzen nach außen streifen, einatmen – Hände in horizontaler Kreisbewegung zurück zur Ausgangsposition.

Abschließend läßt du noch einige Atemzüge lang deine Fingerspitzen an der Schwelle vor deinem Herzzentrum, am Brustbein, ruhen. Dann läßt du Hände und Arme langsam nach unten sinken und spürst hinein, was wohl hinter dieser Schwelle verborgen sein mag, was dort auf dich wartet.

7. Diamant
Das Universum hereinholen

Mit dem Einatmen bringst du beide Arme seitlich gestreckt über den Kopf. Diese Position hältst du einige Atemzüge lang. Mit dem nächsten Ausatmen bringst du deine Hände langsam wieder an dein Brustbein und berührst ganz leicht mit den Fingerspitzen die Schwelle zu deinem Herzzentrum. Einatmen – Arme wieder nach oben strecken. Die Hände kommen ganz langsam nach unten zurück wie gebündelte Lichtstrahlen, die riesige Energiemengen in und um sich mit herunterziehen, mit denen sie zum richtigen Zeitpunkt die „Schwelle zum Königreich" öffnen. Du wiederholst diesen Diamanten drei- bis fünfmal:
Einatmen – Arme nach oben (Batterie aufladen), ausatmen – Arme nach unten, Lichthände an die Schwelle zum Herzzentrum...

Du beendest diese Übung wieder mit den Fingerspitzen an deinem Brustbein, bleibst einige Atemzüge lang dort und beobachtest, was an dieser Stelle geschieht.

Lasse anschließend deine Hände den Ort um oder an deinem Körper finden, an dem die Weisheit deines Körpers (nicht die Intelligenz aus deinem Kopf) sie hinführt, spüre dort nach.

Beachte: Meistens eilt unser Geist voraus, ein Ziel zu erreichen, ein Ziel, das in Wirklichkeit bereits in uns liegt.

IV
Der menschliche Diamant zwischen Himmel und Erde

Wunjo, liebster Diamantbruder!

Der letzte Brief ist zwischen den Manuskriptblättern auf meinem Schreibtisch liegengeblieben. Heute tauchte er plötzlich wieder auf und ich füge ihn bei.

Es sind nur noch wenige Wochen, bis ich ins alte, nein, ins neue Leben zurückkehre. Es fällt mir immer schwerer zu schreiben, dir auf verbaler Ebene das mitzuteilen, was in Worten, ja selbst in Bildern und Symbolen schwer kommunizierbar ist. Denn je näher du dem Wesen kommst, desto mehr Energie wird frei, reine Lebensenergie, und desto un-wesentlicher werden Worte. Worte, Bilder, Symbole, Gebete, Meditationen, Anrufungen – sie sind wie Schlüssel, die aus dieser reinen Energie hervorgehen. Du kannst sie überall finden, in jeder Religion, in jeder Tradition. Es gab sie schon immer, solange es Menschen gibt. Es sind goldene Schlüssel, die das Schloß zu deinem inneren Gehäuse öffnen.

Vor einigen Tagen ist mein „irdischer Geliebter" gekommen. Er taucht jedesmal zum „Fest der Jahreszeiten", das wir alle

Mit deinem Schweigen kannst du jeden in deine eigene Stille einbeziehen...

Offenheit ist also der Schlüssel. Du wirst einsehen, daß du offen sein mußt, denn sonst kannst du Es nicht empfangen und dich nicht mit Ihm verbinden...

Auf der Ebene, wo Körper und Verstand als Substanz existieren, wirst du geboren und wirst sterben.

drei Monate feiern, hier auf. Es wird getanzt, meditiert, gelacht, diskutiert und musiziert, alles, was den Sinnen gefällt.

Doch erinnert uns der Diamantprinz an die Unbeständigkeit und Vergänglichkeit dieser äußeren Freuden, ganz so, wie sie sich in der Natur zeigt, wenn diese im Kreislauf der Jahreszeiten ihre Kleider wechselt und ablegt. Werden, Sterben, Neu-Werden – wie die Wellen mit ihren Schaumkronen an der Oberfläche des Ozeans auftauchen und wieder verschwinden. Sie sind wie die Lichtstrahlen, die dem Ozean unserer wahren Natur, unserem Diamanten entspringen. Sie durchdringen und beleben unsere Sinne und alles, was wir durch sie wahrnehmen und genießen. Das wirkliche Aufwachen aber, die Neugeburt, kann nur über das Sterben der Welle im Ozean, über das Eintauchen der Welle in die Tiefe deines ursprünglichen Wesensgeschehen, hinter dem dein Geheimnis verborgen ruht.

Am dritten Tag des Herbstfestes ging ich ganz früh morgens, als noch alles schlief, mit meinem Geliebten hinauf auf den Berg. Wir setzten uns schweigend auf den noch kühlen Waldboden, an einen breiten Baumstamm gelehnt. Nur unsere Hände berührten einander; unter uns der See, dahinter die Berge. Die Sonne kitzelte mit ihren ersten Strahlen die Oberfläche des Sees. Wir waren eingehüllt in eine Atmosphäre kraftvoller Stille; dazwischen leises Vogelgezwitscher, der Specht, der über uns regelmäßig gegen den Baum klopfte –

Auf der Ebene aber, die nur die sich bewegende Energie umfaßt, existieren weder Geburt noch Tod. So gesehen kannst du gleichzeitig sterben und nicht sterben...

Wenn du die Welt bist, dann gibt es nichts, womit du dich beschäftigen solltest, außer die Wahrheit in dieser Welt zu finden, welche deine Wahrheit ist. Das bedeutet, dich an nichts festzuklammern – an niemanden, keinen Meister, keinen Guru, keine Wahrheit, kein Prinzip, kein Glaubenssystem; alles wegzuwerfen – und doch gleichzeitig in der Lage zu sein, zu sagen: DAS ist es.

Ich umarme dich und mit der doppelten Kraft unseres gemeinsamen Strahlens wünsche ich mir, daß unsere beiden menschlichen Diamanten und die aller anderen weiter wachsen und strahlen.

Deine Diamantschwester

Für deinen weiteren Weg nun die *vierte Sequenz* mit dem achten, neunten und zehnten Diamanten.
Ein besonders wesentlicher Punkt, lieber Wunjo, auf den ich bis jetzt noch nicht eingegangen bin, ist die Bedeutung des Atems.

Atem und Bewegung fließen bei jeder Übung harmonisch ineinander. Dabei atmest du alles ein, was um dich herum geschieht. Und es ist dein Atem, der dich bewegt. Du spürst, wie sich dein Körper ausdehnt mit jeder Einatmung und wie er sich zurückzieht mit jeder Ausatmung. Und doch geschieht das Gegenteil: Wenn du einatmest, füllst du dich mit dem, was dich umgibt. Deine Umgebung aber bleibt zurück. Wenn du ausatmest, ist es umgekehrt. Du läßt los und verbindest dich im Loslassen wieder mit dem, was dich umgibt. Es ist wie eine Beziehung, ja eine Liebesbeziehung zu dir, zur Welt, zum Kosmos, zum Universum, zu Gott. Und wenn du dann hinspürst, erkennst du, daß Einatmen und Ausatmen eins werden – das, was dich umgibt, und du, mit allem, was in dir ist. Außen und innen verschmelzen durch deinen Atem.

8. Diamant
Entlang der Diamanttreppe

Bringe deine Daumen und Zeigefinger zusammen. Führe diesen Diamanten über deinen Scheitel. Halte ihn einige Atemzüge lang dort. Atme tief ein und puste hörbar den Atem aus, während du den Diamanten mit Schwung vor die Stirn bringst. Die Daumen sind jetzt in Höhe der Nasenwurzel.

Wieder einatmen und hörbar ausatmen, während du schwunghaft den Diamanten vor deine Kehle führst. Einatmen – beim nächsten Ausatmen stellt sich der Diamant waagrecht vor dein Herzzentrum. Dabei zeigen die Daumen zum Körper und die Handflächen zum Boden. Wieder einatmen, beim nächsten Ausatmen dreht sich der Diamant, während du ihn zum Solarplexus bringst.

Die jeweiligen Zentren, die du berührst, entsprechen den sieben Chakras. Sie sollen in der Mitte des Diamanten liegen.

Wieder einatmen, während des Ausatmens führst du den Diamanten schwunghaft zum Bauch (Hara) weiter. Einatmen, und schließlich mit dem letzten Ausatmen bringst du den Diamanten zu deinen Genitalien. Dort bleibt er einige Atemzüge lang, und du stellst eine bewußte Verbindung mit deiner Urkraft her.

Dann kommst du in gleicher Weise wieder nach oben. An jeder „Treppenstufe" hältst du kurz an, atmest ein und atmest hörbar aus, während du schwunghaft zur nächsten weiter steigst. Der Diamant dreht sich wieder zwischen Solarplexus und Herzzentrum.

Diese Übung wird dynamischer und schwunghafter durchgeführt als alle anderen. Mit den Händen über dem Scheitel ruhst du dich noch einige Atemzüge lang aus, während du deine Hände und den Diamanten zwischen deinen Händen mit Licht und Energie aufladen läßt.

9. Diamant
Der Diamantregen

Bringe deine Hände mit dem Diamanten langsam zum Scheitel. Öffne den Diamanten und laß deine diamantenen Handflächen seitlich den Kopf, den Hals, Schultern und Rumpf entlang über die Beine, bis zu den Füßen hinuntergleiten. Beende mit den Händen am Boden.

Beachte: Sei ganz im Augenblick, bei dir, jede Sekunde, nur bei der Übung, bei der Bewegung, verlier dich in ihr, kein in Frage stellen, ob du dich richtig bewegst. Sei ganz du selbst, mische dich nicht ein – *Es bewegt dich.* Beobachte, ob es DAS ist (das Tao), das deine Energie bewegt, und nicht dein Intellekt.

Und sei dir bewußt:
Je hohler der Bambus, je leerer du wirst,

desto mehr können dich die Strahlen des Diamanten berühren, durchlichten, zu deiner Wahrheit aufwecken.

10. Diamant
Der Diamant kehrt zur Erde zurück

Knie nieder und forme nochmals einen Diamanten. Deine Handflächen legst du auf den Boden, und mit der Stirn berührst du die Mitte des Diamanten. Diese Stellung hältst du etwa eine halbe Minute lang, erlebe, was in dir und außerhalb von dir geschieht:

Der Himmel begrüßt die Erde.

Die Erde wird vom Himmel empfangen. Und der Himmel erfreut sich an den Früchten seiner Erde.

Hebe dann langsam deinen Kopf. Der Diamant bleibt noch etwas am Boden. Fühle die Verbindung zwischen Diamant und Stirn. Stehe anschließend auf und spüre nach: Oben ist unten, unten ist oben, alles ist eins und ruht.

V
Quantensprung ins neue Leben

Wir arbeiten an einem Quantensprung jenseits von Raum und Zeit. Dieser "Nicht-Raum" ist im Anderswo und gleichzeitig überall, zu jeder Zeit, aber wir haben uns noch nicht darauf eingestimmt. Ihn zu erreichen bedeutet nicht nur, Energie, Geist, Einsicht, Wissen zu finden, sondern Lebenskraft in ihrer reinsten Form. Das ist es, was die Welt erneuern wird – und die Menschen...

Der Blitz kann dich überall und jederzeit treffen – beim Reisen, bei der Arbeit, beim Lieben, ja sogar im Schlaf! Denn du trägst deinen Energietempel immer bei dir. Er ist überall dabei, wartet auf den Zündfunken.

Plötzlich schlägt der Blitz ein. Und es ist wie ein Wachrütteln deiner eigenen Natur, von wem und wo auch immer.

Der Blitz schlägt ein, ein Quantensprung geschieht, und du läßt dich davon mitreißen.

Es mag auch länger dauern, langsamer geschehen. Das Wichtigste ist, du übst, unaufhaltsam, mitten im Leben, ja besonders im Alltag, wie auch ich es noch immer tue.

Und du übst weiter, zwischen schreienden Kindern, am Schreibtisch, im Verkehrsstau, im Badezimmer, beim Liebesspiel, wo auch immer, Wut, Angst, Freude, Traurigkeit – alles ist wechselndes Arbeitsmaterial.

Es ist nicht so, daß du täglich nur 10–15 Minuten investierst, diese den restlichen 23 ³/₄ Stunden wegnimmst. Das ist nur der Anfang, ohne den aber niemals die restlichen Stunden, Tage, Wochen, Monate, Jahre und Jahrzehnte unserer Zeitrechnung zum bewußten Leben werden können, bis du endlich von deiner Zeitlosigkeit, von deiner Unsterblichkeit gefunden und aufgeweckt wirst.

„Quantensprung ins Neue Leben" heißt die *fünfte Sequenz* mit den beiden abschließenden Diamanten, dem elften und dem zwölften. Zum letzten Mal möchte ich dich und alle, die inzwischen mitüben, noch einmal auf besonders wesentliche Punkte hinweisen:
Bleibe während der ganzen Zeit, in der du die *Zwölf »Diamanten«* durchführst, bei dir – bewußt, wach und aufmerksam. Beobachte deine Hände, deinen Herzschlag, deinen Atem. Es ist viel mehr Intelligenz in unseren Händen, in unserem Körper, um unseren Körper herum und noch weiter darüber hinaus als im Käfig unseres begrenzten Verstandes. Laß' alle Gedanken los, übe ganz einfach. Beobachte – dein Verstand will sich immer wieder einschalten, zweifeln, mit-wirken, in Frage stellen – dann überlasse dich wieder deiner Bewegung, deinem Körper, deiner Energie, die in dir und um dich herum immer da ist.

Du kannst den Quantensprung nicht fordern, nicht einmal verdienen. Aber wenigstens kannst du dich der Möglichkeit öffnen, daß ein solcher Quantensprung dich erreicht, berührt, erhebt, ergreift, aufweckt...

Werde zur Übung selbst. Nicht hier anfangen, dort enden und glauben, der Weg von hier nach dort sei nicht wichtig. Schenke dem Weg, jedem Millimeter dieselbe Beachtung wie dem Ausgangs- und dem Endpunkt. Während du dich bewegst, stimmst du dich ein in jeden Millimeter auf der Energielinie vom Hier zum

Dort. Und dann kann es plötzlich passieren, daß es dich nicht mehr gibt, weil du auf einmal zur Übung selbst geworden bist. Du bist der Betrachter, der Übende und die Übung. Es bewegt sich, dich, mich, uns alle – von selbst, aus einer harmonischen Vollkommenheit und Stille heraus. Und es gibt nichts mehr zu tun, außer DAS zuzulassen und bitte nicht zu stören.

Ja, Wunjo, etwas in dir weiß, daß es DAS ist, DAS, was man ja gar nicht stören kann, weil es unzerstörbar, ewig, alldurchdringend und allumfassend ist. Und Es hat so viele Namen. Menschen aller Nationen, aller Kulturen, aller Zeiten haben soviel darüber gesprochen, Bücher geschrieben, Kriege geführt, sich und andere gemartert, getötet usw. Und doch – DAS , ES oder das ICH BIN ist immer da. Es ist die Liebe, in ihrer reinsten Essenz. Doch können wir sie weder erzwingen noch mit dem Verstand allein begreifen und festhalten. Wir können sie wirklich nur zu-lassen – sein – und leben.

Und das, lieber Wunjo, nenne ich wahres Yoga, Diamant-Yoga.

11. Diamant
Bereit für das neue Leben

Stehe so entspannt du kannst, halte Arme und Hände vor dir; deine Handflächen zeigen nach oben. Werde zu dieser ganz einfachen Geste: hier bin ich, offen, bereit, erreichbar, ich habe etwas zu geben – und ich kann etwas empfangen...

Halte einige Atemzüge lang dieses „Mudra" (Geste). Sei ganz einfach. Wir haben die Kunst, einfach zu sein, verloren. Leistungszwang, komplizierte Übungen und hochgesteckte Ziele lassen es uns schwer werden, wieder einfach zu sein, wesentlich zu werden: das, was wir sind.

12. Diamant
Geben – Nehmen – Integrieren

Bringe nun langsam beide Hände gleichzeitig bis zur Schulterhöhe nach oben. Deine Handflächen zeigen nach vorn und leicht nach oben, die Handrücken zum Körper. Langsam läßt du deine Hände weiter nach oben gleiten, als ob sie von einem unsichtbaren Faden hochgezogen würden. Schaue deinen Händen nach, indem du dich leicht zurückbeugst und zum Himmel blickst. In dieser Stellung bleibst du einige Atemzüge lang und läßt deine Arme und Hände wieder langsam herunterkommen, entweder nur in die Ruhestellung oder dorthin, wohin sie jetzt wollen.

Und noch einmal schaust du zu, welchen Ort sich das tiefe Wissen deiner Hände, deines Körpers – deine Intuition – sich sucht. Dort bleibst du etwa eine Minute lang – wach, bewußt, ganz im Hier und Jetzt, im Augenblick.

★

Jeder von uns trägt die Welt in sich. Und alles, was in der sogenannten Welt geschieht, ist in Wirklichkeit ein Ereignis in dir...

Rückblickend nach einem Jahr, lieber Wunjo, sage ich heute:
Die Welt hat sich nicht verändert, nichts ist draußen geschehen – aber etwas ist mit mir geschehen. Das Geheimnis für jeden von uns besteht nicht nur darin, jenen Ort zu finden, an dem immer alles strahlt, sondern herauszufinden, wie man alles betrachten muß, mit welchen Augen, mit welchem Bewußtsein, so daß letztendlich jeder Ort, jeder Mensch und überhaupt das ganze Leben mehr und mehr strahlen.

Es gibt Orte, die bergen Geheimnisse. Und wenn du sie aufsuchst, kann es passieren, daß du dort das Geheimnis plötzlich in dir selbst entdeckst.

Ich danke unserem Diamantprinzen, daß ich mein – nein sein, nein, besser gesagt: unser aller – Geheimnis, den „menschlichen Diamanten", das Wissen um unsere Unsterblichkeit, das ICH BIN, an seinem Ort, auf seiner Bühne, in seinem äußeren und gleichzeitig in meinem inneren Königreich wiederfinden durfte.

Nachspüren

Epilog

Von einer Reise kehrst du niemals zurück, schrieb Kafka einmal an seine Geliebte. Zurück oder nicht zurück: Ich nehme die Welt und mich in ihr neu wahr – jeden Augenblick anders neu. Es irritiert mich nicht mehr. Immer mehr genieße ich mein Erleben.

Wunjo hat eine „Diamantsucher-Gruppe" organisiert und ich nehme an einigen Übungsabenden teil. Mein „irdischer Geliebter" hat sich entschieden, in die freigewordene Maisonette-Wohnung neben mir einzuziehen – das hätte er oder sonst jemand mir vor einem Jahr mal „zumuten" sollen... Er hat mir ein Päckchen Karten geschenkt – „Phoenix-Karten" steht oben drauf, „Richtlinien für Unsterbliche". Ich mische und ziehe eine für diesen Augenblick. Es ist die vierundzwanzigste:

Mein Körper ist die Quelle aller Dimensionen.

Unsterbliche spüren ihre Verbindung miteinander, und sie kommunizieren auf einer Ebene, die unberührt von Gedanken und Handlungen ist. Sie „sprechen" in einer Sprache miteinander, die nur in den körpereigenen Verständigungssystemen der Zellen verstanden wird. Es sind Signale, die die Zellen selbst aussenden.

Anstatt den Körper zu verlassen, um in eine unsichtbare spirituelle Dimension zu gelangen, will ich in die Tiefen unseres gemeinsamen zellulär-biologischen Lebens eintauchen, um das Leben in dieser körperlichen Form in dieser Dimension zu spüren, um dich und mich in der Unsterblichkeit der einen, allumfassenden Dimension zu erleben.

Ich sende meine Signale aus, um die unsterblichen Zellen in deinem Körper wachzurufen, um mich selbst in dir wiederzuerkennen. Ich erkläre unseren Körper zum schönsten, höchstentwickelten und prächtigsten Organismus im Universum – zum Universum selbst...

Die zwölf »Diamanten«

Die zwölf Übungen des Diamant-Yoga

Vorbereitung

1. Einstimmen: stehen, den Körper spüren, Atem beobachten, still werden, in den Körper hineinentspannen, besonders in die Verspannungen (Stirn, Augen, Kieferbereich, Nacken, Schulterbereich, Handgelenke, Brustraum, Bauch, Becken, Lendenwirbelsäule, Damm, Knie, Waden, Füße). Langsam Hände nach oben bringen und mit den Handflächen den ganzen Körper abstreifen – vom Kopf beginnend über Gesicht, Nacken, Hals, Arme, Brust, Bauch, Rücken, Gesäß, Genitalien, Beine bis über die Füße hinaus, als ob wir uns von unnötigem Ballast reinwaschen würden...

2. In die Hände hineinspüren und langsam die Hände ausschütteln, dabei ganz locker in den Handgelenken bleiben, als ob alles Überflüssige weggeschüttelt wird; einige Sekunden entspannt stehen, noch einmal in den Körper hineinspüren und um den Körper herum, von Kopf bis Fuß und wieder zurück...

Antennen zum Kosmos

1. Diamant
Den Energieraum schaffen

Langsam beide Arme über den Kopf bringen; Zeigefinger deuten in den Himmel, einige Atemzüge lang halten; mit dem nächsten Einatmen *rechten* Arm seitlich bis in Schulterhöhe senken, mit dem Ausatmen wieder nach oben; dasselbe mit dem *linken* Arm; drei- bis fünfmal in diesem Rhythmus: Ausatmen – Arme nach oben; Einatmen – Arme nach unten. Abschließend *beide* Arme über dem Kopf halten, in die Hände hineinspüren...
Anschließend mit dem Ausatmen *beide* Arme gleichzeitig (Zeigefinger gestreckt!) im Halbkreis seitlich auf Schulterhöhe bringen; mit dem Einatmen wieder nach oben über den Kopf; drei- bis fünfmal; diesmal jedoch: Einatmen – Arme nach oben; Ausatmen – Arme nach unten; beim letzten Mal Arme mit dem Ausatmen seitlich auf Schulterhöhe bringen und sie dann wie von selbst langsam nach unten sinken lassen, nachspüren...

Die ausführliche Beschreibung dieser Übung des Diamant-Yoga steht auf Seite 27

1.
AUS
2.
EIN
AUS
3.
EIN
Einzeln
EIN
AUS
4.
zusammen
5.

2. Diamant
Den Energieraum erweitern

Arme über den Kopf führen, Zeigefinger deuten wie zwei Antennen nach oben, einige Atemzüge lang in dieser Stellung bleiben. Mit dem nächsten Ausatmen (hörbar) *rechten* Arm gestreckt im Kreisbogen nach vorne in Schulterhöhe bringen und mit dem Einatmen in gleicher Weise wieder nach oben, dasselbe mit dem *linken* Arm; abwechselnd mit jedem Arm, drei- bis fünfmal: Ausatmen – Arm nach vorne; Einatmen – Arm nach oben; abschließend *beide* Arme nach oben, einige Atemzüge lang halten, Zeigefinger deuten wie zwei Antennen in den Himmel.
Mit dem nächsten Ausatmen *beide Arme gleichzeitig* nach vorne in Schulterhöhe senken, mit dem Einatmen wieder nach oben, drei- bis fünfmal: Ausatmen – Arme nach vorne; Einatmen – Arme nach oben; abschließend beide Arme nach oben bringen, Zeigefinger deuten in den Himmel, einige Atemzüge lang halten; abschließend Hände am Körper entlang nach unten sinken lassen, bis sie wie von selbst an irgendeiner beliebigen Stelle deines Körpers zur Ruhe kommen, etwa eine halbe Minute in dieser Haltung bleiben...

Die ausführliche Beschreibung dieser Übung des Diamant-Yoga steht auf Seite 28

EIN
AUS
2.
4.
EIN
AUS
6.
1., 3., 5., 7.

Dornröschens Erwachen

3. Diamant
Dornenhecke öffnen

Langsam die Arme vor der Brust kreuzen, Hände liegen leicht auf den Schultern, leichter Druck mit den Mittelfingern an der Stelle, wo die Schultern berührt werden; Knie und Oberkörper gleichzeitig beugen und mit den Händen über den Brustkorb seitlich nach außen streichen, dabei mit hörbarem Ton ausatmen. Mit dem Einatmen aufrichten, Arme, Hände in die Ausgangsposition zurück; drei- bis fünfmal: Ausatmen mit Ton – Arme seitlich nach außen; Einatmen – zurück in die Ausgangsposition...

Die ausführliche Beschreibung dieser Übung des Diamant-Yoga steht auf Seite 39

AUS
EIN

4. Diamant
An den Stellen der Heiterkeit

Rechter Mittelfinger an die rechte Schulter, linker Mittelfinger an die linke Schulter, direkt zu den Punkten der Heiterkeit, unmittelbar am oberen Brustkorb, unter den Schultergelenken; einige Atemzüge lang an diesen Punkten bleiben, mit dem Ausatmen Knie und Oberkörper gleichzeitig beugen, Hände beschreiben dabei einen Kreisbogen nach vorne und unten; mit dem Einatmen zurück in die Ausgangsstellung kommen; drei- bis fünfmal: Ausatmen – nach vorne und unten beugen; Einatmen – zurück in die Ausgangsposition; abschließend Finger an den Stellen der Heiterkeit einige Atemzüge lang halten, dann mit dem Einatmen Ellbogen wie zwei Flügel seitlich nach oben bringen, in dieser Stellung etwas bleiben, mit dem Ausatmen Arme langsam seitlich nach unten sinken lassen, nachspüren...

Die ausführliche Beschreibung dieser Übung des Diamant-Yoga steht auf Seite 40

AUS RUNTER
EIN HOCH
1.
2.
3.
EIN HOCH

5. Diamant
Den Horizont erweitern, neue Dimensionen ergründen

Hände leicht und sanft zu Fäusten ballen, vor der Kehle oder dem Gesicht zusammenführen; Daumen berühren sich und zeigen nach oben. Mit dem Einatmen Fäuste und Ellbogen nach oben über den Kopf führen; Ausatmen und dabei mit den Fäusten einen seitlichen Halbkreis nach unten beschreiben, bis diese am Bauch wieder zusammenkommen; dann zurück in die Ausgangsstellung; drei- bis fünfmal: Einatmen – Fäuste nach oben; Ausatmen – Fäuste seitlich nach unten und zurück in die Ausgangsstellung; die Übung in der Ausgangsstellung beenden (Fäuste vor Gesicht), abschließend Arme und Hände langsam nach unten sinken lassen, nachspüren...

Die ausführliche Beschreibung dieser Übung des Diamant-Yoga steht auf Seite 41

1.
EIN
2.
AUS
3.
4.
5.

An der Schwelle zum Königreich

6. Diamant
Den Herzenslotus freilegen

Fingerspitzen zur Mitte des Brustkorbs bringen, Fingernägel berühren sich leicht. Einatmen; mit dem Ausatmen mit den Fingerspitzen in einem großen Kreis vom Brustkorb wegstreichen, weit nach außen, dann mit den Händen mit dem Einatmen in einem seitlichen Halbkreis nach vorne zur Ausgangsposition zurückkommen; drei- bis fünfmal: Ausatmen – mit den Fingerspitzen nach außen streifen; Einatmen – Hände in horizontaler Kreisbewegung zurück zur Ausgangsposition. Abschließend Fingerspitzen noch einige Atemzüge lang dort am Brustbein ruhen lassen, hinspüren, dann Hände und Arme langsam nach unten sinken lassen...

Die ausführliche Beschreibung dieser Übung des Diamant-Yoga steht auf Seite 50

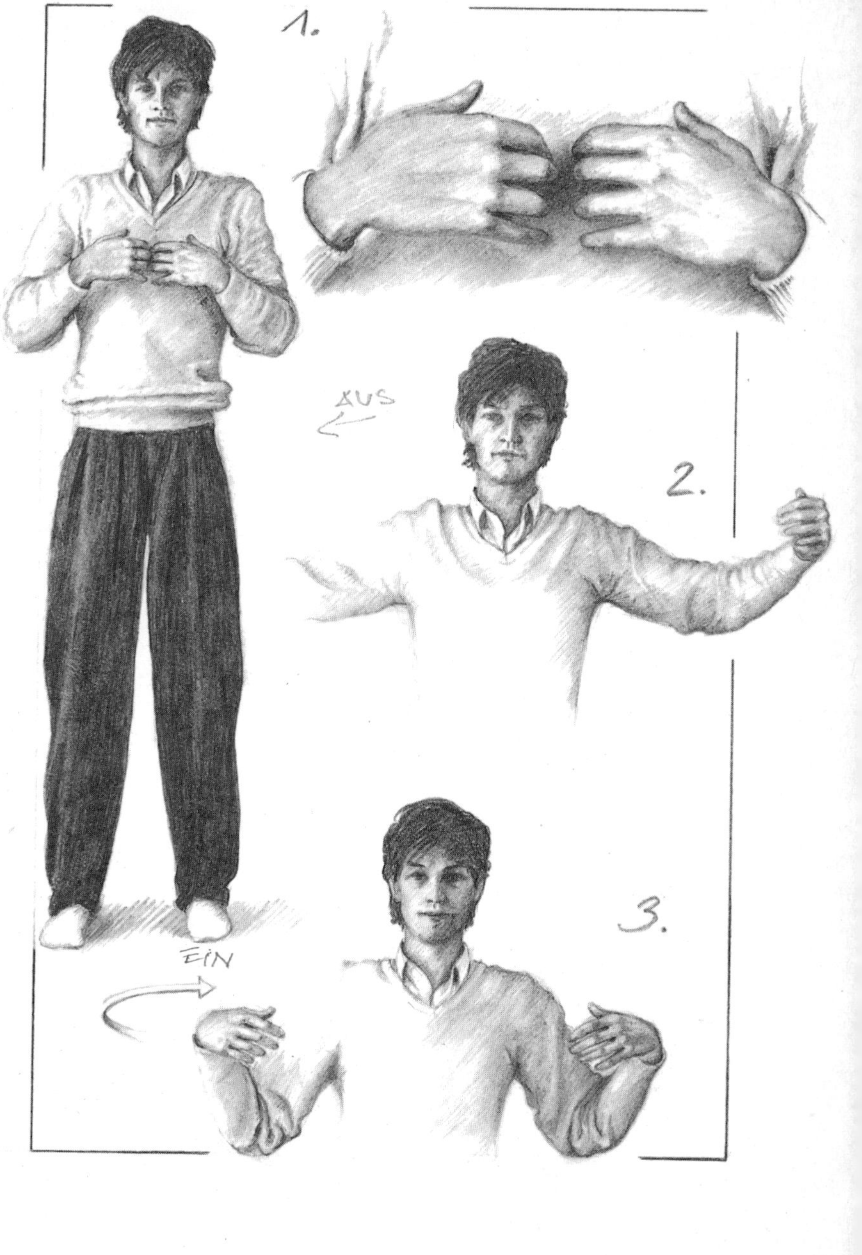
1.
AUS
2.
3.
EIN

7. Diamant
Das Universum hereinholen

Mit dem Einatmen beide Arme seitlich gestreckt über den Kopf bringen, einige Atemzüge halten. Mit dem nächsten Ausatmen zurückkommen, mit den Fingerspitzen das Brustbein berühren; drei- bis fünfmal: Einatmen – Arme nach oben (Batterie aufladen); Ausatmen – Arme nach unten, Finger ans Brustbein; abschließend bleiben die Finger einige Atemzüge lang am Brustbein; dann suchen sich die Hände den Ort um den oder am Körper, an den sie die Weisheit des Körpers führt; nachspüren...

Die ausführliche Beschreibung dieser Übung des Diamant-Yoga steht auf Seite 51

1.
EIN
AUS
2.
3.

Der menschliche Diamant zwischen Himmel und Erde

8. Diamant
Entlang der Diamanttreppe

Daumen und Zeigefinger zusammenbringen; diesen Diamanten über den Scheitel führen, einige Atemzüge lang dort bleiben; tief einatmen, hörbar ausatmen, während der Diamant mit Schwung vor die Stirn kommt, Daumen sind jetzt in Höhe der Nasenwurzel. Wieder einatmen; Ausatmen, während der Diamant vor die Kehle kommt. Einatmen – beim nächsten hörbaren Ausatmen stellt sich der Diamant waagrecht vor das Brustbein (Herzzentrum). Daumen zeigen zum Körper, Handflächen zum Boden. Wieder einatmen, beim nächsten Ausatmen dreht sich der Diamant mit den Handflächen zum Solarplexus.

Wieder einatmen, während des Ausatmens kommt der Diamant schwunghaft zum Bauch. Einatmen, und schließlich mit dem letzten Ausatmen den Diamanten zu den Genitalien führen. Dort bleibt er einige Atemzüge lang. Die jeweiligen Zentren entsprechen den sieben Chakras. Sie sollen in der Mitte des Diamanten liegen. In gleicher Weise wieder nach oben kommen. An jeder Stufe kurz anhalten, einatmen und hörbar ausatmen während du zur nächsten steigst. Mit den Händen über dem Scheitel einige Atemzüge lang bleiben.

Die ausführliche Beschreibung dieser Übung des Diamant-Yoga steht auf Seite 58

AUS
AUS
1.
2.
3.
4.
5.
6.
7.
8.

9. Diamant
Der Diamantregen

Hände mit dem Diamanten über dem Scheitel langsam öffnen und mit den Handflächen seitlich am Kopf, Hals, Schultern und Rumpf entlang über die Beine und Füße hinuntergleiten...

Die ausführliche Beschreibung dieser Übung des Diamant-Yoga steht auf Seite 59

1.
2.
3.

10. Diamant
Der Diamant kehrt zur Erde zurück

Niederknien und nochmals mit den Händen einen Diamanten formen; Handflächen liegen auf dem Boden, Stirn berührt den Boden, in der Mitte des Diamanten. Diese Stellung etwa eine halbe Minute lang halten; nachspüren...

Die ausführliche Beschreibung dieser Übung des Diamant-Yoga steht auf Seite 60

Quantensprung ins neue Leben

11. Diamant
Bereit für das neue Leben

So entspannt wie möglich stehen, Arme und Hände vor dem Körper, Handflächen zeigen nach oben. Einige Atemzüge lang dieses Mudra (Geste) halten...

Die ausführliche Beschreibung dieser Übung des Diamant-Yoga steht auf Seite 64

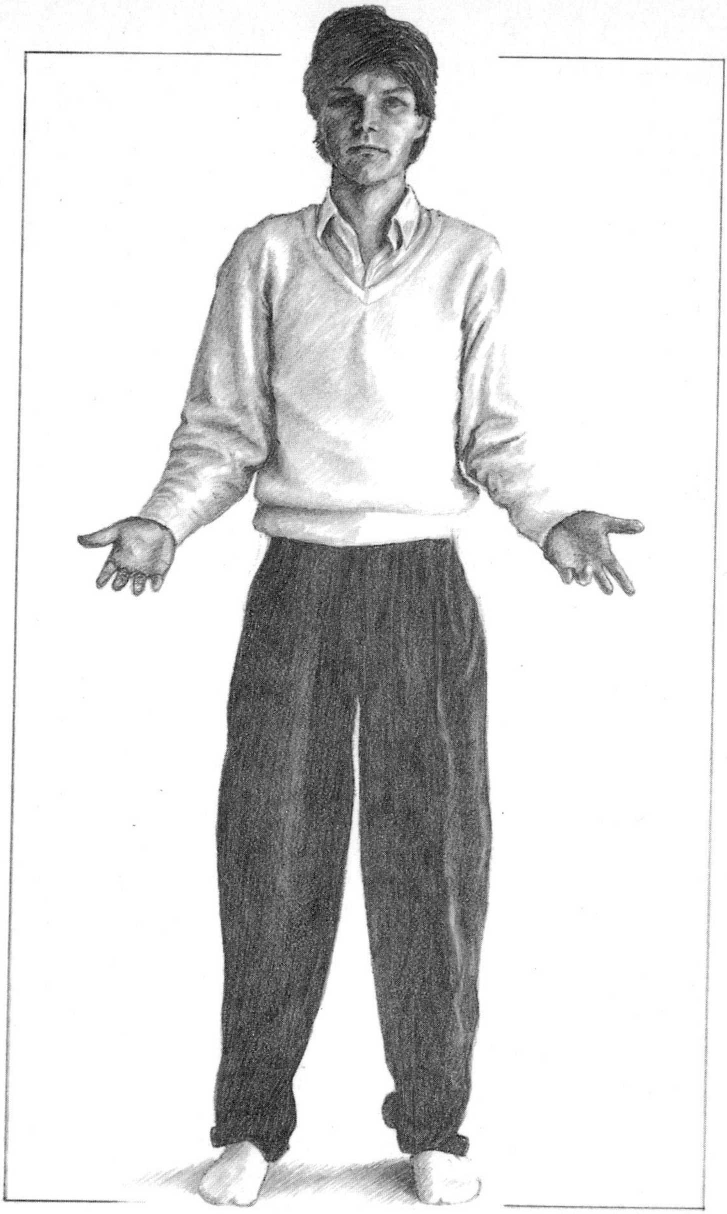

12. Diamant
Geben – Nehmen – Integrieren

Beide Hände gleichzeitig bis zur Schulterhöhe nach oben bringen, Handflächen zeigen leicht nach vorn und nach oben, Handrücken zum Körper; langsam die Hände weiter nach oben gleiten lassen, als ob sie von einem unsichtbaren Faden hochgezogen würden; leicht zurückbeugen, Gesicht blickt zum Himmel. In dieser Stellung einige Atemzüge lang bleiben; abschließend Hände und Arme wieder langsam herunterkommen lassen, entweder nur in Ruhestellung oder dorthin, wohin sie jetzt wollen. Beobachten, welchen Ort das tiefe Wissen der Hände, des Körpers, der Intuition sich sucht; dort etwa eine Minute lang bleiben – wach, bewußt, ganz im Hier und Jetzt, im Augenblick...

Die ausführliche Beschreibung dieser Übung des Diamant-Yoga steht auf Seite 64

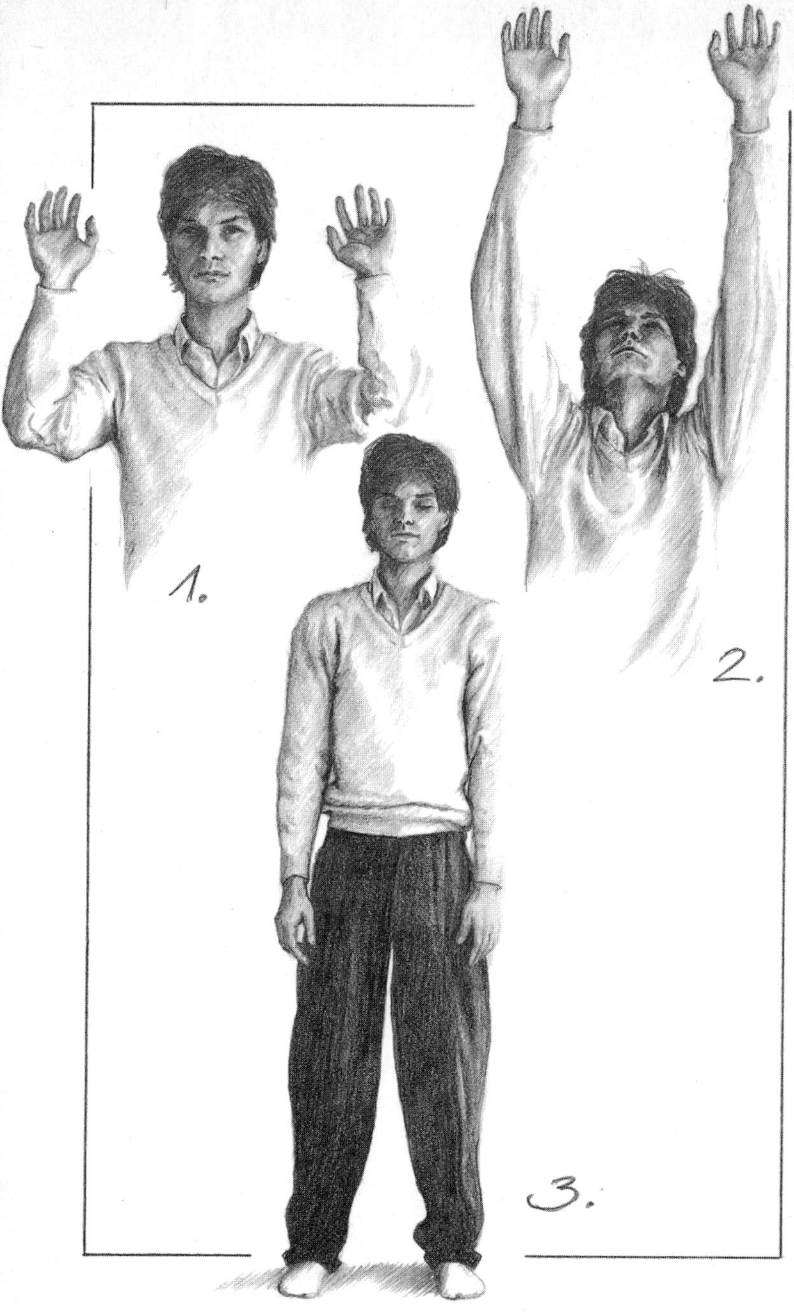
1.
2.
3.

WO DAS MÄRCHEN ENDET...

MICHAEL BARNETT - kein Prinz aus dem Märchen, sondern ein Engländer. In London geboren. Graduierte in Cambridge in Mathematik & Jura. Danach Geschäftsmann, Reisender, Lehrer, Autor, Gelegenheitsarbeiter, Botenjunge, Schüler (von Bhagwan Shree Rajneesh), Therapeut, Energiemeister. Gründer von People Not Psychiatry (1969), Community Growth Centre (1972), Alchemy International (1980), The Wild Goose Company (1984), The Michael Barnett Energy University (1988), School for Angels (1991). Leitete Seminare in ganz Europa und in den USA, Kanada, Brasilien, Japan, Indien und Australien. Lebt zur Zeit in Italien in der Energy University mit seinen 5 Kindern und einem internationalen Kreis von Freunden und Besuchern.

Diamant Yoga, wie es in diesem Buch beschrieben wurde, ist nur ein Teil aus dem Kaleidoskop subtiler Strukturen und Meditationen, die Michael Barnett entdeckt und weiterentwickelt hat. Zusammen mit seiner einzigartigen Form der Energiearbeit führen sie die Menschen auf direktem Weg durch innere Quantensprünge in neue Dimensionen. Dies geschieht ganz einfach durch Präsenz, Blick, Berührung und Bewegung - und es bewirkt eine Antwort und Resonanz tief im Inneren.

In den Seminaren gibt es auch Musik, Tanz, Clownerie, Lachen, Liebe, Freude, viel Stille und Frieden.

Weitere Informationen über Michael Barnett und seine Arbeit, Aufenthalte an der University und das internationale Seminar- und Trainingsprogramm erhalten Sie von:

...BEGINNT DIE WIRKLICHKEIT

Mein Körper,
die Quelle aller Dimensionen

Die letzte Seite der Geschichte vom menschlichen Diamanten zitiert eine Karte aus dem 30-teiligen Kartenset »Phönix-Karten, Richtlinien für Unsterbliche« von Günter Griebl, international bekannt durch seine, zusammen mit seiner Frau veranstalteten »Events in physischer Unsterblichkeit«. Diese Events sind weder Seminare oder Workshops im herkömmlichen Sinn, sondern ein Forum für Menschen, die bereit sind, im lebendigen Zusammensein ihre eigenen Grenzen zu überschreiten, und eine nie dagewesene Lebensqualität zu schaffen, die weit über Liebe hinausgeht, in eine ganz neue Dimension. Menschen, die bereit sind, die größte aller Herausforderungen anzunehmen – lebendig zu leben. Ein Leben ohne Einschränkung und Ende, in einem sich ständig erneuerndem Körper.